.L6 51/1215

PROCÈS
DE LA GAZETTE
DE FRANCHE-COMTÉ.

PROCÈS
DE LA GAZETTE
DE
FRANCHE-COMTÉ.

COUR D'ASSISES DU DOUBS.
SÉANCE DU 1er FÉVRIER.

> Victrix causa diis placuit, sed victa Catoni.
> LUCAN.

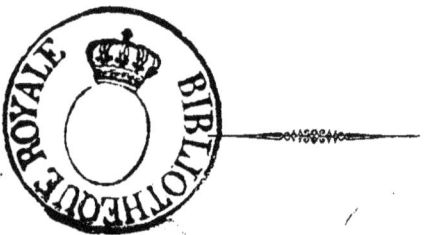

A BESANÇON,
CHEZ TOUS LES LIBRAIRES.
—
1832.

PROCÈS
DE
LA GAZETTE DE FRANCHE-COMTÉ.

COUR D'ASSISES DU DOUBS.
SÉANCE DU 1er FÉVRIER.

Président, M. Béchet; MM. Masson et Dusillet, conseillers assesseurs.

La séance s'ouvre à 8 heures et demie du matin.

On procède au tirage des jurés; sur le nombre de 31, neuf sont récusés par le ministère public, et dix par l'accusé.

Voici, en conséquence, comment le jury est composé : MM. Page, cultivateur; Fischer, négociant; Barrey, marchand épicier; Goguel, marchand de vin; Trimaille, négociant; Perrot-Minot, cultivateur; Delamarche, négociant; Loiseau, propriétaire; Chappuis de Rosières, propriétaire; Bourgon, professeur de l'université; Foncin, docteur en médecine; Monnier, avoué.

M. Joseph Pinondel, gérant de la *Gazette*, est interrogé : il reconnaît les articles incriminés, et déclare qu'il en est responsable.

M. Maurice, avocat-général, après quelques observations adressées aux jurés sur l'importance de cette affaire, prend lecture des articles incriminés, lesquels sont insérés dans le n° 40 de la *Gazette*, publié sous la date du 24 décembre 1831.

Le premier est ainsi conçu :

« Au moment où fière de sa demi-victoire sur les ouvriers, la révolution vient, par l'organe du président du conseil, s'élogier à la tribune et se congratuler flatteusement de sa propre gloire, il ne sera peut-être pas hors de propos de récapituler, en quelques lignes, nos quinze mois de déceptions, et de formuler, à l'usage du peuple, une espèce de table des matières, où il trouvera les sommaires fidèles de tous les chapitres du livre révolutionnaire.

» Allons, comédiens de quinze ans, descendez de vos planches et venez rendre compte au parterre indigné du dénouement tragi-comique de votre drame en quinze tableaux. L'innombrable procession des publiques misères va défiler devant vous, et à chaque station de l'une d'elles, une voix terrible et sincère vous demandera compte de vos œuvres, et vous lancera l'accablant verdict d'une condamnation universelle.

» Citoyens, on vous avait promis la liberté individuelle, et du 1er janvier au 1er août, on vous avait déjà donné 602 arrestations arbitraires, 2,265 visites domiciliaires, 15 assassinats, 22 massacres. C'est M. Fortuné de Chollet qui a eu le courage de faire cette terrible statistique.

» Français, on vous avait promis la liberté politique, et on vous a donné la violation de la charte et le coup d'état qui a illégalement jeté 36 pairs dans la chambre haute. Les 320 millions que cette chambre vient de voter en une demi-heure, donneraient lieu à un refus d'impôt, si nous possédions l'énergie libérale de la première association bretonne.

» Philosophes et chrétiens, on vous avait promis la liberté de conscience et le respect de tous les cultes ; on vous a donné l'abattement de 500 croix, et plus de 600 sacriléges ou profanations.

» Ecrivains, on vous avait promis la liberté de la presse, et plus de 400 saisies, et plus de 20 émeutes, et plus de 10 ans de prison, et plus de 100,000 fr. d'amende vous ont fait d'abominables censures.

» Artistes, on vous avait promis une protection enthousiaste, et on vous a donné la misère, et le gouvernement n'a pas même encore payé les tableaux qu'il a commandés et reçus.

» Bourgeois paisibles, on vous avait promis la tranquillité ; et on vous a donné les gardes à monter, et les conseils de discipline, et les bataillons mobiles.

» Soldats, on vous avait promis la gloire, et on vous a donné la promenade en Belgique, la douloureuse campagne de Lyon, les horribles chasses aux hommes de la Vendée : le tout ennobli par la non intervention, rehaussé par des ordres de la conférence, illustré par les soufflets que notre ambassadeur reçoit de l'autocrate Nicolas.

» Cultivateurs, on vous avait promis le dégrèvement, et vous payez les 33 centimes additionnels.

» Propriétaires de maisons, on vous avait aussi promis la diminution de vos charges, et on vous a donné en cadeau de joyeux avénement, le régime de quotité ; et bien loin de vous faire entrevoir une espérance de soulagement, ceux qui se disent vos représentans murmurent quand M. Lachèse leur propose de rétablir l'impôt de répartition.

» Artisans, on vous avait promis mieux que du travail, puisque ce travail, vous l'aviez sous la restauration ; et on vous a donné la faim, la hideuse misère, et la mitraille pour l'apaiser.

» Fabricans, on vous avait promis la protection et la prospérité ; et on vous a donné la ruine et la faillite ; et on vous menace de bouleverser les tarifs, de vous inonder de produits étrangers, de rayer des lois de douanes les droits sur les fers, qui protégent votre industrie. La Suède applaudira : mais que dira notre province ?

» Commerçans, on vous avait promis la fortune, on vous avait leurré par des rêves décevans ; et on vous a donné les banqueroutes ; et on vous menace d'un entrepôt centralisateur, à l'aide duquel le gouffre béant de Paris agrandira encore son avide cratère.

» Hommes de toutes conditions, on vous avait promis le gouvernement à bon marché; et on vous a donné le budget de 16 cent millions. Plus de police, avait-on crié; et il faut jeter 1 million 500,000 fr. de plus à l'antre de la police. Plus de liste civile! et la représentation bourgeoise a dévoré 40 millions. Plus de gendarmes! et leur nombre est triplé à Paris et dans l'Ouest. Plus d'agens de police! et ils sont transformés en assommeurs.

» Courage donc! A bas la restauration! Vive la révolution! c'est-à-dire : à bas la liberté, la paix, le commerce, les arts, l'économie, la gloire! Vivent les visites domiciliaires, les arrestations arbitraires, les insultes à la religion, la misère, les émeutes, les saisies des journaux, et le million et demi qui sert à payer tout cela!!! »   L.

Le second article ne consiste que dans deux lignes insérées dans les *Bigarrures* du même n° 40 (lequel n'a point été saisi). C'est une plaisanterie commençant par ces mots : *Basse cour à vendre*, et finissant par ceux-ci : *Le coq sert d'enseigne.*

M. l'avocat-général prétend que le premier article renferme deux délits : 1° excitation à la haine et au mépris du gouvernement du Roi; 2° provocation à la désobéissance aux lois. Il soutient aussi que le second article est une offense envers la personne du Roi et la famille royale.

La liberté de la presse, dit ce magistrat, consiste dans la liberté d'exprimer sa pensée et de tout dire, pourvu qu'on ne nuise ni à l'état ni à l'intérêt privé, pourvu qu'on n'attaque ni les principes constitutionnels ni les agens du pouvoir. L'opposition est permise, mais elle ne consiste que dans le droit d'éclairer, de donner des conseils à l'autorité, et non pas dans celui de censurer le gouvernement.

M. l'avocat-général prétend d'abord que, pour juger des délits de la presse, il faut commencer par l'examen de la *moralité politique* de l'écrivain. Or, dit-il, la notoriété publique atteste que la *Gazette de Franche-Comté* est l'ennemie de la révolution, du gouvernement qui en est sorti; que son but est de propager ses rêves de légitimité, ses principes de droit divin, et d'appeler au lieu de ce qui existe le règne d'Henri V.

Les rédacteurs de ce journal sont connus, et quand ils prêchent les libertés publiques, est-ce de bonne foi? Ne les a-t-on pas toujours vus à la tête de ce parti qui voulait tout envahir, les honneurs et les places. Leur dessein n'est-il pas de nous ramener au despotisme, s'ils pouvaient arriver à l'accomplissement de leurs vœux!

Pour établir la *moralité politique* des rédacteurs, et afin de pénétrer dans les intentions malveillantes de la *Gazette*, M. l'avocat-général parcourt les différens numéros, depuis le commencement de sa publication, et se livre à la lecture d'un grand nombre d'articles.

Venant ensuite aux deux qui sont incriminés, et après avoir commenté longuement chacun des passages du premier: il n'y a pas, dit-il, une seule ligne dans cet article qui ne soit un appel à la sédition, qui ne renferme des calomnies atroces contre le gouvernement, à qui l'on reproche, entre autres griefs, d'avoir anéanti le commerce, commandé des mesures arbitraires, ordonné des assassinats, des massacres, et d'avoir flétri la gloire nationale. Toutes les mesures qui ont été prises étaient légales; s'il y a eu des saisies, des visites domiciliaires, des arrestations, elles étaient commandées par la nécessité de prévenir ou réprimer les excès d'un parti audacieux. On ose qualifier de *chasse d'hommes dans la Vendée*, la résistance à des brigands, des incendiaires qui, dans les campagnes de l'Ouest, s'insurgent contre le gouvernement établi.

Et qu'on ne dise pas que c'est la révolution et non le gouvernement qu'on a voulu signaler! D'abord la révolution et le gouvernement sont identiques; la révolution ayant fait table rase, après avoir chassé une dynastie parjure, il a fallu établir le gouvernement qui existe; d'ailleurs le gouvernement est plusieurs fois nommé dans l'article. On prétendrait aussi en vain appliquer ici l'injure aux fonctionnaires publics qui auraient été les auteurs ou les ordonnateurs des infamies dont l'article présente un aussi horrible tableau. Quels sont ces fonctionnaires dont la plainte serait indispensable pour poursuivre? on n'en désigne aucun; c'est la puissance exécutive tout entière, c'est le gouvernement par conséquent qui est l'objet de ces insultes audacieuses.

Quant au délit de provocation à la désobéissance aux lois, M. l'avocat-général le fait résulter 1° de l'attaque dirigée par l'article contre la chambre des députés; 2° du blâme de l'établissement de la garde nationale, institution si utile; 3° de la nomination des pairs que l'article qualifie de *coup d'état;* 4° enfin de la provocation indirecte au refus des impôts, en disant au peuple, *si vous aviez l'énergie de l'association bretonne,* l'impôt serait refusé.

Passant au second article, M. l'avocat-général soutient que par ces mots, *basse cour à vendre,* on a voulu désigner le château des Tuileries, et que les animaux de toute espèce que l'on prétend y être renfermés, s'appliquent à la famille royale et non pas aux courtisans, profession pour laquelle M. l'avocat-général témoigne du reste la plus grande animadversion. Et quand il s'agirait de courtisans, ne serait-ce pas au moins une *attaque à la dignité royale,* que de transformer les gens de la cour en une réunion d'animaux à la tête de laquelle serait le monarque.

M. l'avocat-général termine par faire sentir aux jurés, appelés ici pour la première fois à statuer sur un délit de la presse, l'importance qu'il y a dans les circonstances actuelles, de s'opposer à l'entraînement des flots populaires, et la nécessité de donner dans cette province un exemple sévère, afin de réparer le mal que les articles incriminés ont causé dans le public, et de prévenir, pour la suite, les dangers et les abus de la presse dans cette province.

Tel est le résumé du plaidoyer de la réplique de M. l'avocat-général qui ont occupé au moins trois heures de séance.

M. de VAULCHIER fils, chargé de la défense du gérant, a ensuite pris la parole en ces termes :

Messieurs les jurés,

Qu'un accusé est heureux lorsqu'il a pour juges ses concitoyens, ses pairs, sa famille provinciale! Il se présente à un tribunal qu'il connaît, puisque tous les jours il plaide devant lui : il vient la main sur la conscience, l'espoir dans l'âme, la bienveillance au fond du cœur. Content et ferme, il retrouve la haute cour qui, tous les jours, le juge sans appel, et à laquelle il a soumis sa vie, ses œuvres, ses écrits, l'opinion publique. Point de ces assemblées judiciaires, de ces formes judiciaires, de ces rigueurs judiciaires. La procédure est au néant, l'argot de palais aux oubliettes. Le cœur du prévenu et celui du juge battent sous le même habit; coutumes, sympathies, tout est commun entre eux. La bonne foi suffit pour justifier, les intentions droites pour absoudre, les généreux sentimens pour faire triompher. La voix du simple citoyen trouve plus d'écho dans l'âme du juge, qui n'est lui-même que citoyen : prévenus, jurés, avocats, public, tout cela ne forme qu'une même communauté, une même famille. L'accusation seule n'appartient pas à cette immense parenté; et le pénible devoir qu'elle remplit l'exclut de ce sanctuaire domestique où elle rentre dès qu'il est accompli.

Permettez-moi donc, messieurs, de vous considérer comme exerçant envers nous une indulgente paternité, et non une justice sévère. Tout doit vous y engager : la pureté de nos intentions, la sincérité de nos paroles, la publicité continuelle que nos écrits donnent à notre vie, cette compétence de chaque jour que nous vous reconnaissons sur nous; et si j'ose dire un mot de moi-même, cette voix inaccoutumée aux discussions judiciaires, ce langage non de science et de subtilité, mais de franchise et d'effusion : simple citoyen, je n'aurai pour me guider dans le dédale des lois que les règles communes du bon sens. Une plaidoirie de ce genre doit mieux convenir à vous, messieurs, qui n'êtes point des juges, à nous qui ne sommes point des plaideurs. Il faut qu'un acte soit défendu comme il a été fait, avec bonhomie et simplicité, mais aussi avec fermeté et franchise. C'est ainsi qu'un citoyen doit s'expliquer avec ses concitoyens : point de lâche faiblesse; mais aussi point d'hypocrite réticence. Liberté complète de tout dire doit être accordée à celui qui ne cachera aucune arrière-pensée.

Voilà pour la position morale de la défense. Un mot maintenant sur la position politique de l'accusation. Ces prolégomènes sont indispensables; pour l'intelligence d'une lutte il faut comprendre la situation des deux camps.

Les principes actuels du gouvernement nous permettent d'être aussi francs, aussi entièrement et complétement sincères que le magistrat qui nous accuse. Qu'on se rappelle que le pouvoir vient aujourd'hui du bas en haut, que nous faisons partie du souverain, comme dirait Rousseau; que nous sommes, du moins en principe, l'origine du gouvernement.

Dans les questions de presse surtout, le ministère public ne peut se dire l'organe de la société. Il est l'organe d'une opinion, l'idée d'un parti ; voilà tout. Nous avons autant le droit de soutenir nos convictions, que lui de proclamer les siennes.

Ce peu de mots suffit pour démontrer que, dans ce champ clos où nous a appelés le tenant du pouvoir, les armes doivent être égales, la faveur égale, les droits égaux.

Quant à vous, messieurs, que notre bonne fortune nous a donnés pour juges de camp, nous ne pouvons que nous en remettre à votre consciencieuse impartialité. Vous êtes ici, je le répète, les représentans de l'opinion publique qui nous juge tous les jours en dernier ressort, et dont nos travaux périodiques nous rendent les très humbles feudataires. Au reste, nous avouerons que dans cette confession il y a aussi quelque orgueil ; car si l'opinion est reine, elle daigne souvent partager avec la presse son trône et son empire.

Cette opinion qui nous juge va donc prendre corps et âme en vous, s'incarner en vous, parler par votre organe. Nous attendons sans crainte son verdict. Nous savons que, libéraux, républicains, légitimistes, vous n'êtes tous ici que citoyens ; que, dépouillant vos opinions, vous deviendrez impassibles comme la loi ; que la haute magistrature temporaire, exercée par vous, sera une affaire entre votre conscience et les faits qui vous seront présentés. Nous nous reposons dans cette confiance avec la sécurité dont on jouit quand on a foi en les autres et en soi-même.

Notre plan de défense sera bien simple : nous l'emprunterons non à l'accusation de M. l'avocat-général, mais au réquisitoire que nous suivrons dans toutes ses parties. Examinons d'abord le grand article et toutes les questions qui s'y rattachent. Le petit article viendra en son lieu.

Je n'irai pas suivre le ministère public dans sa longue et ennuyeuse biographie de la *Gazette de Franche-Comté*. Il a plaidé la tendance, la tendance qu'une loi spéciale a abolie, la tendance que l'opinion publique a flétrie depuis long-temps. Je laisserai la discussion de cette question de droit à l'honorable ami qui a bien voulu m'assister dans cette défense. Sa vieille expérience la traitera d'une manière plus complète que je ne pourrais le faire.

Je constaterai seulement ici que tout ce que le ministère public a pu dire hors de l'article incriminé, n'a aucun trait à la cause. Il aurait donc pu s'épargner ce luxe fastidieux de citations. Je ne le suivrai point ailleurs que dans les trois chefs précisés par le réquisitoire. J'oublierai, avec MM. les jurés, tout ce qui ne montre que sa haine pour la *Gazette*.

Deux chefs d'accusation pèsent sur le premier article *Excitation à la haine et au mépris du gouvernement, et provocation à la désobéissance aux lois*. Toujours ces vagues et sempiternelles homélies réquisitoriales, dont M⁰ Berville nous retrace spirituellement l'histoire dans un de ses plaidoyers. Le ministère public ne récusera pas, je pense, l'autorité d'un homme que ses talens et ses opinions ont appelé à l'une des places les plus distinguées du parquet parisien. Quant à nous, nous le citons d'autant plus volontiers que, depuis son changement de rôle, il n'a point abjuré ses anciens principes, et que toutes les affaires de presse ont été comprises par lui avec une largeur, et conduites avec une modération fort louables. Laissons-le parler : « Une proposition nous blesse, nous commençons par poser en principe qu'il faut mettre l'auteur en jugement. Ensuite, comme pour mettre un homme en jugement il faut bien s'appuyer sur un texte de loi, nous cherchons dans la loi pénale quelque texte qui puisse, tant bien que mal, s'appliquer à l'écrit en question. Les uns sont trop précis; il n'y a pas moyen d'en faire usage. D'autres sont rédigés d'une manière plus vague, et par conséquent plus élastiques; on s'en empare, et c'est ainsi que, dans les procès de la presse, nous voyons revenir sans cesse ces accusations banales d'excitation à la haine et au mépris du gouvernement du roi, de provocation à la désobéissance aux lois. » Voilà notre histoire écrite il y a dix ans. On voit que si les hommes ont changé, ce qui d'ailleurs est bien loin d'être général, les habitudes sont les mêmes. Les vagues allégations qui n'ont aucun sens se prêtent merveilleusement à tous les sens imaginables.

On conçoit encore qu'elles puissent s'appliquer à des articles dont la rhétorique du journaliste a fait tous les frais, et dont la phraséologie déclamatoire ne permet pas de préciser autrement l'accusation. Mais ici nous avons rapporté des actes, articulé des faits, mis en cause des événemens. Sont-ils vrais? voilà toute la question. S'ils sont faux, qu'on nous attaque comme calomniateurs, qu'on nous traduise en diffamation; il y aurait là bon sens et loyauté. Voilà le seul terrain où nous prétendions nous rencontrer avec le ministère public.

Examinons d'abord la première inculpation *d'excitation à la haine et au mépris du gouvernement,* qui porte sur l'article tout entier. Nous passerons ensuite à la *provocation à la désobéissance aux lois,* qui ne peut s'appliquer qu'à une seule phrase.

PREMIER CHEF D'ACCUSATION.

EXCITATION A LA HAINE ET AU MÉPRIS DU GOUVERNEMENT.

Vous avez entendu l'article incriminé. Pour le justifier, je m'attacherai à prouver trois choses principales. 1° Cet article n'attaque que la *révolution* en général, et non le *gouvernement*. 2° Les passages qui ne peuvent concerner la révolution, mais seulement le pouvoir actuel, ne renferment que le blâme particulier de telle ou telle mesure, et par conséquent ne se dirigent que contre tel ou tel fonctionnaire en particulier; délit non susceptible d'être poursuivi d'office par le ministère public. 3° Le peu d'expressions qui blâment le gouvernement en général, ne constituent point *l'excitation à la haine et au mépris*, délit prévu par la loi.

Je vous l'ai déjà dit, messieurs, ce sont de terribles adversaires que de vagues dispositions; des expressions générales donnent un beau champ à l'accusation : quoi de plus facile que d'enlacer un homme innocent dans un réseau d'interprétations de légiste? Quoi de plus commode alors que de noyer le texte de la loi dans une sauce judiciaire de lieux communs sur l'ordre public, et de déclamations sur le respect dû au gouvernement? A nous qui avons le bon droit, il faut la clarté. Tâchons de préciser autant que possible.

1° *L'article n'attaque que la révolution et non le gouvernement.* Je vais démontrer en premier lieu que nous n'avons en rien attaqué le gouvernement. Plus tard je définirai la *provocation au mépris et à la haine.* Ici je prouverai seulement que quand même cette provocation serait palpable, la révolution pourrait avoir à s'en plaindre, mais point du tout le gouvernement.

La révolution et le gouvernement sont deux choses bien différentes, bien distinctes, je dirai même souvent bien opposées. Tout le monde sera d'accord avec moi sur ce point. Oui certes, diront les républicains, car le gouvernement a gâté la révolution ; oui certes, diront les partisans du régime actuel, car la révolution veut assassiner le gouvernement. Cette distinction semblera donc à tous les yeux parfaitement claire.

On m'accordera bien aussi que nulle loi ne défend de médire de la révolution. Le pouvoir, moins que qui que ce fût, soutiendrait une thèse aussi contraire à ses propres intérêts. Quel ordre de choses pourrait subsister s'il prenait en main la protection du désordre ? Et ici, messieurs, nous ne prétendons point déclamer contre les révolutionnaires. Telle n'est point la question. Nous considérerons les graves événemens qui ont changé la face du pays comme un fait d'une grande importance et d'une terrible calamité, mais non comme texte de récriminations. Tout ce que nous dirons s'appliquerait de même à tout autre bouleversement politique.

Nous sommes trop francs du reste pour ne pas nous avouer plus bienveillans envers les révolutions. Toujours nous avons regardé la nôtre comme un grand malheur, et cette conviction profonde nous a engagés à propager, autant qu'il était en nous, les principes qui seuls peuvent assurer la stabilité des états. Toujours nous avons vu avec douleur ces calamiteux mouvemens qui troublent l'existence des peuples, ruinent les fortunes particulières, brisent tous les liens sociaux, et poussent les nations dans une série indéfinie d'incalculables malheurs. Eh bien ! c'est seulement à faire ressortir cette haute moralité que tendait l'article poursuivi. Les promesses menteuses de juillet, et nos misères trop réelles, tel est le thème varié sous diverses formes, et commenté par dif-

férens faits, où le ministère public a vu une attaque contr
le gouvernement. Entrons dans les détails. Ce sera un travail long et fastidieux ; mais la nécessité m'excusera de
l'ennui.

(Ici le défenseur suit pas à pas l'article incriminé ; il démontre que presque tous les reproches s'appliquent uniquement à la révolution ; puis il ajoute :)

Il doit être clair pour vous, messieurs, que jamais article ne donna moins de prise à l'application de la loi.
Quelques-unes de nos réflexions ont pu parfois se diriger
contre le gouvernement, dans les limites légales permises
à la presse. Mais celles-ci allaient à un tout autre but ; c'était seulement le bonheur et la prospérité de la France envisagé d'après les conséquences de juillet, et le point de
vue sous lequel nous avons traité la question nous obligeait,
pour lui donner de l'unité, à ne faire aucun reproche au
pouvoir ; cette partie de notre pensée aurait nui au développement de l'autre. Si quelques mots échappés çà et là
témoignent la mauvaise humeur d'un journal contre un
ordre de choses qui n'est pas dans ses principes, on doit
les considérer comme un accessoire de fort peu d'importance.

2° *Les passages qui ne peuvent concerner la révolution,
mais seulement le pouvoir actuel, ne renferment que le blâme
particulier de telle ou telle mesure, et par conséquent ne se dirigent que contre tel ou tel fonctionnaire en particulier : délit non
susceptible d'être poursuivi par le ministère public.*

Supposons maintenant (ce dont je crois avoir suffisamment démontré la fausseté) que quelques passages de l'article soient dirigés contre le pouvoir actuel et non contre la
révolution : mais avant d'aller plus loin, oublions un instant les faits, pour établir un point de droit qui nous servira dans l'appréciation des phrases incriminées.

D'après la loi, le ministère public poursuit d'office les publications qui *excitent à la haine ou au mépris du gouvernement*. Mais, tout en lui donnant ce pouvoir, elle distingue soigneusement entre le gouvernement et ceux qui le composent. Le ministère public peut prendre en main de lui-même la défense du gouvernement considéré comme être de raison. Mais l'article 5 de la loi du 26 mai 1819 lui ôte ce droit, relativement aux ministres et autres agens du pouvoir. Cet article porte : *Dans le cas des mêmes délits* (il s'agit des délits de presse) *contre tout dépositaire ou agent de l'autorité publique, la poursuite n'aura lieu que sur la plainte de la partie qui se prétendra lésée.* L'article 17 de la loi du 25 mars 1822 avait abrogé cette disposition ; mais, depuis la révolution de juillet, l'article 4 de la loi du 8 octobre 1830 l'a remise en vigueur. En conséquence, nous vivons sous l'empire de la législation de 1819, et le ministère public ne peut en aucune façon poursuivre d'office les reproches adressés aux *dépositaires et agens de l'autorité publique*. Cette jurisprudence a été reconnue par un arrêt de cassation du 5 août 1831.

Au reste, messieurs, je ne prétends pas vous soumettre cette question de droit. J'ai voulu seulement vous prouver que le ministère public, en poursuivant d'office, a solennellement renoncé, par là même, à inculper tout passage qui attaquerait les agens du pouvoir en particulier. Revenons donc aux faits de notre cause, et appliquons-leur ces principes.

Tout à l'heure nous avons écarté de l'article tout ce qui ne peut s'appliquer qu'à la révolution. Examinons ce qui semble s'adresser au pouvoir actuel. De ces phrases, les unes sont dirigées contre des mesures particulières prises par les dépositaires de l'autorité : dès lors, le ministère public ne peut avoir la prétention de les poursuivre. Les autres paraissent attaquer le gouvernement en général, et c'est seulement pour ces dernières que nous aurons à voir si elles constituent le délit de *provocation à la haine et au mépris du gouvernement.*

Entrons dans les détails.

Voici les seuls faits qui ne s'appliquent pas à la révolution, et dont on puisse faire honneur au pouvoir :

Les arrestations arbitraires, les visites domiciliaires, les abattemens de croix, les sacriléges et profanations, les saisies, les chasses aux hommes de la Vendée, les 40 millions dévorés par la liste civile, les assommeurs, la promenade en Belgique, la douloureuse campagne de Lyon. — Je n'oublie rien, comme vous voyez : je mentionne scrupuleusement les expressions les plus énergiques de l'article incriminé.

Eh bien ! messieurs, les arrestations arbitraires appartiennent aux fonctionnaires subalternes, aux Vidocq qui peuplent les provinces de l'Ouest, aux gendarmes et aux mouchards qui pullulent dans la Vendée.

Les visites domiciliaires appartiennent en toute propriété à l'aimable M. de Montalivet. C'est là son plus beau titre de gloire : il ne faut pas le lui ravir.

Les abbattemens de croix appartiennent à des mouvemens populaires dans les lieux où l'impiété est de mise, et à la sottise de quelques subalternes trop zélés dans les provinces, où, comme parmi nous, les populations ont conservé leurs vieilles croyances.

Les chasses aux hommes appartiennent au général Bonnet et à ses subordonnés.

Les sacriléges et profanations appartiennent à quelques scélérats remuans dans le Midi, et à quelques exécrables agens de l'autorité dans l'Ouest. Oui, messieurs, les pieux habitans de ce malheureux pays ont vu l'une des compagnies d'un régiment qui naguère était en garnison dans nos murs, forcer une église de village, la profaner de leurs

violences, et, le dirai-je, sabrer le crucifix ! Qu'ils viennent donc se porter partie civile, ceux que j'accuse ! Malheureusement la loi de 1819 ne permet pas au ministère public de les protéger d'office !

Les saisies appartiennent à messieurs Persil et compagnie. Je ne pense pas qu'ils puissent se fâcher de cette rétribution selon leurs œuvres. Ils doivent plutôt s'en honorer, puisqu'ils ont la prétention de remplir leur devoir en les multipliant. Honneur donc à M. Persil ! honneur des 8 saisies de la *Gazette*, des 15 saisies de la *Quotidienne*, des 30 saisies de la *Tribune*, des 20 saisies de la *Caricature !* Honneur pour ses 423 saisies : la restauration n'en ordonnait que 29 dans un an.

Les assommeurs embrigadés appartiennent à l'ex-préfet de police Vivien, par jugement des jurés de Paris.

Pour rendre une équitable justice, vous voyez bien, messieurs, que rien de tout cela n'appartient à ce que la loi appelle le *gouvernement*. C'est la propriété des agens du pouvoir, des dépositaires de l'autorité, ministrés ou autres. La loi de 1819 ne permet pas au ministère public de poursuivre d'office ces allégations. Il doit nécessairement, je le répète, se renfermer dans les attaques dirigées contre le gouvernement en général.

Que reste-t-il donc qui puisse être poursuivi par lui comme coupable du délit prévu par la loi de 1822 ? pas grand'chose, je pense. Le plus beau de l'accusation est mis au néant. Mais avant de poursuivre, dans ses derniers retranchemens, cette réserve à demi vaincue de textes accusateurs, prouvons les faits énoncés dans l'article. Bien que même, s'ils étaient controuvés, ils ne puissent donner lieu à aucune poursuite d'office, il est de notre honneur d'appuyer nos dires sur d'incontestables témoignages.

J'ouvre le recueil les *Provinces*, et je lis : « Tant de

» vexations, de visites domiciliaires, d'abus de pouvoir et
» d'actes arbitraires, ont signalé jusqu'à ce jour le régime
» de la *charte-vérité*, qu'il est difficile de bien augurer de
» l'avenir. M. L. Fortuné de Chollet a eu le courage d'en
» faire un relevé exact, en partant du 1er janvier, époque
» où le gouvernement, établi depuis cinq mois, eût dû
» enfin avoir une marche régulière et légale. Le simple ré-
» cit des faits qu'il a déjà enregistrés forme deux forts vo-
» lumes in-8. On peut juger de l'abondance et de la gravité
» des matières qu'ils contiennent, par la note suivante
» qu'il a bien voulu nous communiquer.

» Arrestations dans l'Ouest et le Midi. . . .		520
» Dont { Pour l'Ouest.		380
{ Pour le Midi.		140
» *Idem* avec voies de fait.		82
» Visites domiciliaires illégales.		1,200
» *Idem* de nuit.		65
» *Idem* sans aucune forme de légalité.		300
» *Idem* avec violences, vols, cruautés.		700
» Croix abattues, plus de.		500
» Sacriléges et profanations, environ.		600
» Meurtres, massacres.		22
» Assassinats.		15

» Nous pourrions ajouter bien d'autres faits à ceux qui
» sont indiqués dans cette note; mais nous croyons de-
» voir nous borner aujourd'hui à cette citation, pour
» montrer comment les *jésuites tricolores* entendent la li-
» berté de la presse, au nom de laquelle s'est faite la ré-
» volution. »

Il me semble qu'à moins de faire soi-même une enquête sur les lieux, il est impossible d'acquérir une certitude plus complète qu'en consultant un ouvrage spécial, une statistique connue, et publiée avec l'assentiment du pouvoir, puisqu'elle n'a point été incriminée. Remarquez de plus que nous avons indiqué la source où nos renseignemens étaient puisés. Quelle plus grande marque de loyauté vis-à-vis de l'opinion? C'est donner à tous et à chacun la possibilité de se faire un jugement raisonné et impartial. Observons encore que tous ces faits ne sont point rapportés par un journal où la précipitation d'une publication quotidienne admet souvent la légèreté et l'erreur. Non : c'est un ouvrage mûrement réfléchi ; c'est un de ces recueils qui forment les documens historiques d'un siècle, dans lesquels les générations apprennent ce qui s'est passé avant elles; c'est déjà de l'histoire. Oui, messieurs, un jour l'histoire dira avec M. Fortuné Chollet et avec nous : il y a eu, du 1er janvier au 1er août 1830, 602 arrestations arbitraires, 2,265 visites domiciliaires, 15 assassinats, 22 messacres, plus de 600 sacriléges et profanations, plus de 500 croix abattues. Et ne serait-ce pas chose bien étrange que l'histoire pût ajouter : Dans le temps où la liberté était proclamée une vérité, des hommes ont été condamnés pour avoir rapporté tous ces faits. Mais voici quelque chose de bien plus fort : je prends le n° 30 de la *Gazette de Franche-Comté*, et je lis :

« Arrestations illégales dans l'Ouest et le Midi, 250 ; dont pour l'Ouest, 386 ; pour le Midi, 140 ; *id.*, avec voies de fait, 82 ; visites domiciliaires illégales, 1200 ; *id.*, de nuit, 60 ; *id.*, sans aucune forme de légalité, 300 ; *id.*, avec violence, vols, cruautés, 700 ; croix abattues, plus de 500 ; sacriléges et profanations, environ 600 ; meurtres, massacres, 22 ; assassinats, 15. »

Voilà donc tous les faits publiés six semaines avant, et non coupables alors. Aujourd'hui ils sont criminels. Il n'y a pas à dire : ou le ministère public a manqué dans ce temps à son devoir, ou bien il le porte dans cette occasion plus loin qu'il n'en a le droit. Je le laisse se mettre d'accord avec ses actes.

Hélas ! ces chiffres terribles, vrais il y a trois mois, sont bien loin aujourd'hui de contenir la vérité tout entière. Chaque jour augmente la somme de sang. Voici encore deux nouveaux assassinats, dont la nouvelle n'est arrivée qu'avant-hier. Ils vous feront frémir, d'autant que l'une des victimes appartient de près à un homme qui remplissait naguère brillamment dans cette enceinte les fonctions de notre adversaire d'aujourd'hui.

« M. Charles de Bonnechose, appelé près de Mad. de Larochejaquelein, par suite des relations d'amitié qui existaient entre elle et sa famille, jouissait en paix d'une honorable hospitalité, quand la stricte justice vint troubler sa retraite, arracher une femme à la solitude qui lui était chère, en emprisonner une autre, et le poursuivre lui-même comme fauteur de troubles, comme chef redoutable d'un parti audacieux. Et ce conspirateur, et cet homme dont il fallait la tête à tout prix, était âgé de 19 ans ; il était étranger au pays, il ne l'habitait que depuis quelques mois. N'importe, il fallut fuir... ! Il venait de trouver un nouvel asile ; à trois heures du matin, le fermier qui, sans le connaître, l'avait recueilli, ouvre la porte et se dirige, comme les gens de la campagne ont l'habitude de le faire chaque jour, vers le lieu où sont renfermés les bestiaux ; la maison était cernée, une sentinelle crie : Qui vive ? Atteint depuis long-temps d'une surdité complète, le fermier ne répond pas ; un coup de fusil est tiré, et le malheureux tombe mort. A ce bruit inattendu, M. de Bonnechose, seul étranger que renfermât cette maison, saisit ses armes ; il doit croire qu'on en veut à ses jours ; des soldats entrent, il fait feu, et cherche à se soustraire aux assaillans qui l'entourent de toutes parts; il sort, une balle l'atteint; il s'éloigne malgré cette première blessure, il en reçoit bientôt une nouvelle ; alors on s'empare de lui; il reste pendant plusieurs heures au milieu d'un champ, exposé à la rigueur de la saison; de la paille, de l'eau bourbeuse, tel est l'appareil posé sur ses blessures. On le porte enfin mourant à Montaigu. Nous taisons des détails affreux qui auraient précedé et accompagné cette translation ; nous avons sollicité de nouveaux renseignemens ; s'ils confirment ceux que nous avons déjà reçus, nous les livrerons à l'indignation de quiconque conserve encore un reste de générosité. » (*Ami de l'ordre.*)

La seconde victime est un malheureux paysan. Quant à M. de Bonnechose, son frère, connu par ses opinions libérales, est placé dans la maison de Louis-Philippe. Il aura le courage, ajouté l'*Ami de l'ordre*, il aura le courage de dire à son maître que son jeune frère vient d'être assassiné dans la Vendée, en vertu d'ordres émanés de ses ministres!

3° *Le peu d'expressions qui blâment le gouvernement en général ne constituent point l'excitation au mépris et à la haine, délit prévu par la loi.*

Maintenant que tout cet or brillant de l'accusation a été mis au creuset, que reste-t-il au fond qui ne s'applique ni à la révolution, ni à des agens particuliers du pouvoir, mais seulement au gouvernement en général : car il ne faut pas oublier que ces dernières attaques sont seules susceptibles d'être incriminées : je ne vois que ces mots : *Le coup d'état qui a introduit dans la chambre des pairs 36 nouveaux membres, la promenade en Belgique, la douloureuse campagne de Lyon*, et les 40 millions de la liste civile. Les voilà donc, ces *expressions coupables qui provoquent à la haine et au mépris du gouvernement!* Pesons toute la force, toute l'énergie de cette définition du délit.

Excitation à la haine et au mépris. La qualification de coup d'état appliquée à l'ordonnance du 19 novembre est-elle une excitation au mépris et à la haine? elle appartient à M. Dupin, qui s'y est énergiquement opposé : elle appartient à tous les journaux, car, hormis les journaux à gages, pas un seul ne l'a épargnée au pouvoir.

Le mot de *promenade* en Belgique est-il trop fort? C'est, ce me semble, l'exacte vérité dite avec politesse. Les 40 millions de la liste civile? C'est un fait constant, sur lequel je n'ai rien à dire : les réflexions ont été épargnées. J'oserai appeler ce silence de la modération.

Douloureuse campagne de Lyon! oui, *douloureuse*. Douloureuse, parce que le sang français coulait des deux côtés. Douloureuse, parce que les révoltés n'étaient coupables que d'avoir faim. Douloureuse, parce qu'elle nous rappelait les trois sanglantes journées de juillet, parce qu'elle semblait nous promettre une guerre civile. Douloureuse, parce que nous y voyions le commerce lyonnais ruiné, son industrie perdue pour long-temps, et des fermens de désordre déposés au sein de la seconde ville du royaume. Douloureuse! y a-t-il excitation au mépris et à la haine?

La question est à présent bien claire. La voici : est-on coupable de provocation au mépris et à la haine du gouvernement pour quelques expressions vagues et modérées, qui rendent avec faiblesse ce que tout le monde pense?

Voulez-vous les voir pâlir encore mieux, ces expressions inoffensives? comparons-les avec d'autres qui ont été absoutes par le silence du ministère public. Je choisirai des écrivains de diverses opinions.

Voyons d'abord M. de Châteaubriand. Avec quelles paroles irrespectueuses il parle de la quasi-légitimité!

« Tourner le dos au passé, marcher avec la France nouvelle à la rencontre de l'avenir ; telle était sa destinée.

« De cela, elle n'a cure : elle s'est présentée amaigrie, débiffée par les docteurs qui la médicamentaient. Elle est arrivée piteuse, les mains vides, n'ayant rien à donner, tout à recevoir, se faisant pauvrette, demandant grâce à chacun, et cependant hargneuse ; déclamant contre la légitimité, et singeant la légitimité ; contre le républicanisme, et tremblant devant lui. En colère, quand on lui parle d'abaisser le cens électoral, le ministère l'abaisse ; en colère, quand on lui demande l'abolition de l'hérédité de la pairie, il l'abolit. Ce système pansu ne voit d'ennemi que dans deux oppositions qu'il menace. Pour se soutenir, il s'est composé une phalange de vétérans réengagistes : s'ils portaient autant de chevrons qu'ils ont fait de sermens, ils auraient la manche plus bariolée que la livrée des Monmorency. »

« Les libertés ont-elles été mieux élaborées que les lois ? comptez les procès intentés aux brochures et au feuilles publiques, 228 dans un an ! Ecoutez les malédictions lancées contre la liberté de la presse ; lisez-les dans les journaux officiels et officieux, et remarquez parmi les amis des ministres des hommes qui, sous Louis XVIII et Charles X, ont été les fauteurs et les conseillers des lois d'exception. »

Ailleurs, comme il répond à ce mot dérisoire, *Le gouvernement établi !*

« La chose est rare ! *le gouvernement établi*, qu'est-ce ? votre volonté au lieu de la mienne. De qui tenez-vous votre mandat ? de personne ou de vous-même. De quel droit prétendez-vous me dominer ? Du droit de votre génie ? je vous trouve médiocre. Du droit de votre raison ? vous me semblez déraisonnable. Du droit de votre force ? c'est le droit brutal, le droit de sauvage ; de plus vous n'etes pas fort ; vous êtes faible. Vous, mon égal hier, il vous plaît de couronner votre opinion ; et vous m'appelez à votre festin pour recevoir les ordres de cette reine ; mais je n'ai rien fait pour mériter une place parmi ses esclaves. »

J'ouvre maintenant la brochure de M. Belmontet. C'est un homme de juillet, celui-là : ce n'est pas à la révolution qu'il en veut, mais au gouvernement, au seul gouvernement ; écoutons-le parler : »

« Le parti d'Orléans règne ; il touche enfin au sceptre pour lequel on s'était fait un chemin de la vertu. Après l'avoir manqué deux fois en 93 et en 1815, ce parti qui le tient, et qui le tient bien, s'en sert comme d'une baguette de magicien pour faire rentrer sous terre, ou pour couper sur pied toutes les pousses vivaces de la révolution.

» Un jour, et ce jour n'est pas loin, nous peindrons à larges traits l'histoire politique et morale de ce parti, qui a damé le pion à tous les autres le mieux du monde, et qui a merveilleusement caché son jeu, depuis la conférence d'Ath. Il ne s'agit maintenant que de prouver qu'il a mal compris sa mission. Je remplis mon devoir de ci-citoyen, je m'attaque au ministère et non au trône ; ce n'est point aux personnes, mais au système que s'adresseront mes récriminations. Les hommes disparaissent en face des principes. Qu'a-t-on fait pour le peuple ? qu'a-t-on fait pour la nation ? Je me renfermerai dans ces deux questions.....

» Point d'émancipations électorales, parlementaires, communales, universitaires ; point d'égalité de droits, défiance du peuple, défiance du pouvoir. Le régime des abus poursuit son cours ; le despotisme ministériel destitue la probité comme par le passé ; la presse, toute lépreuse de fiscalités, n'en est pas moins harcelée de persécutions arbitraires. Les vainqueurs de juillet, dont on craint même le silence douloureux, sont envoyés par pelotons à la tuerie des Bédouins d'Afrique; les chefs illustres [de la révolution sont mis à la réforme. Cependant une couronne est bien lourde quand elle est grevée de deux ingratitudes, l'une envers les hommes, l'autre envers la nation. Des cris de détresse se répondent des extrémités de la France; les campagnes n'en peuvent plus sous le fardeau des taxes; les villes hurlent la faim; l'armée se fatigue en contre-marches sans honneur; les sciences et les arts cherchent quelque part le feu sacré, et se meurent sous les spéculations d'argent. Le siècle des grandes choses est tombé aux mains de quelques courtiers; on dirait qu'on a fait un comptoir du trône. Des mécomptes partout, des joies nulle part, de génie point. L'enthousiasme a été claquemuré dans les gibernes de la garde nationale; le peuple n'a gardé que l'énergie de la plainte et peut-être de la haine. Banquiers d'état, qu'est devenue la glorieuse révolution? Vous avez mis l'honneur national en billets de banque, la liberté en assignats. Le peuple est-il heureux pour vous? la nation est-elle satisfaite?

» Système de dégradation par les individus, d'abaissement pour la nation, voilà le défilé par où l'on fait passer la France. On a remis la patrie dans la royauté comme dans une chemise de force; on a inventé une monarchie bourgeoise, qui n'a ni les sentimens chevaleresques de l'aristocratie, ni l'héroïsme fougueux de la démocratie : c'est quelque chose d'hermaphrodite, qui ne participe de rien. On a créé un despotisme de faiblesse, une violence d'inanition qu'on peut justement nommer le désordre de l'ordre. Enfin les rois nous détestent pour avoir voulu être libres, les peuples pour n'avoir pas su l'être. Y a-t-il eu révolution?... est-ce tout de ne porter de couronne de laurier que sur des écus? Cette couronne n'est-elle pas d'ailleurs l'emblème de la défaite du peuple?... »

Et on a le courage de nous attaquer en présence de pareilles publications ! c'est devant l'opinion qui vit au milieu de cette active atmosphère de fougueuse liberté, qu'on veut nous faire condamner pour en avoir soufflé notre part avec une modération que l'on pourrait nommer de la faiblesse ! je vous l'avouerai, messieurs, je me parais presque ridicule à moi-même de mettre autant de peine et de temps pour pulvériser une aussi incroyable accusation. Quand j'ai entrepris cette défense, malgré l'étonnement que m'avaient causé d'abord les poursuites, j'avais espéré pouvoir m'habituer peu à peu à les regarder comme quelque chose de sérieux. Impossible, j'en suis encore à ma première impression, à l'étonnement. Pas un mot, pas un seul mot de l'article incriminé, qui n'ait été répété vingt fois ailleurs, soit avant, soit depuis la publication du numéro. Je pourrais faire durer cette audience trois mois, si j'apportais, pour preuves justificatives de ce que j'avance, tout ce qui a été écrit depuis cette espèce d'anarchie, où un bouleversement social a jeté l'esprit public. Mais je me bornerai aux citations de M. de Châteaubriand et de M. Belmontet.

Avant de terminer la défense de ce premier chef d'accusation, je dirai encore un mot de cet inadmissible système que le ministère public est contraint d'adopter, pour incriminer en province ce qui a passé inaperçu à Paris. Je conçois parfaitement que, lorsqu'il s'agit de l'appréciation d'un fait, soit au civil, soit au criminel, les opinions particulières de divers magistrats puissent être différentes; mais dans les causes politiques, et surtout dans les causes de presse, c'est toute autre chose. Les péchés politiques ne sont point réglés par une morale universellement reconnue. La manière de voir d'un ministre peut être plus étroite, celle de son successeur plus large, et le ministère public devra suivre nécessairement la marche réglée par le pouvoir. Tous les faits viennent à l'appui de cette réflexion. Sous le ministère Martignac et sous le ministère Polignac les magistrats étaient, à peu d'exceptions près, les mêmes: et quelle différence, pourtant, dans la sévérité des poursuites ! il est incontestable que des hommes d'extrême gauche qui conserveraient sans doute un grand nombre des fonctionnaires actuels, modifieraient sensiblement leur façon de traiter la presse : mais, sous un même ministère, il doit y avoir uniformité de jurisprudence. D'ailleurs quelle pourrait être jamais la sécurité d'un journal, s'il était accusé pour avoir rapporté ce que le silence de l'autorité avait reconnu comme innocent?

Ce peu de mots absout encore plus complétement, s'il est possible, l'article incriminé ; puisqu'il n'existe pas une seule de ses allégations qui n'ait passé préalablement, sous une forme ou sous une autre, à la censure de M. Persil,

Messieurs, souvenons-nous qu'il est trop tard aujourd'hui pour vouloir bâillonner la liberté de la presse. Le pouvoir qui ne comprendra pas cette vérité se suicidera bientôt. La France entière veut cette liberté, sauve-garde de toutes les autres. Elle la veut, et elle l'aura : elle l'aura, parce qu'elle l'a payée de tout le sang répandu de part et d'autre dans les trois journées; parce qu'elle l'a achetée au prix de tous les désastres d'une révolution ; parce qu'elle lui coûte son ancienne constitution, sa prospérité, son repos, 300 mille hommes de plus sous les armes, et 600 millions tous les ans.

Cette liberté d'ailleurs est le patrimoine commun de toutes les opinions. Nous allons avoir un nouveau journal; *le Patriote franc-comtois*, paraît ce soir pour la première fois à Besançon. Cette feuille est indépendante; elle appartient à ses rédacteurs et non à la préfecture. Dans huit jours, si le triste exemple d'une condamnation de presse était donné, elle serait appelée sur ces bancs comme nous : car il paraît que le pouvoir comprend, par liberté de la presse, liberté de lui faire des complimens. C'est à vous, messieurs, d'expliquer d'une autre manière ce mot *liberté*. Nous ne dirons pas, comme le ministère public, que nous regrettons l'insuffisance de la répression du jury.

DEUXIÈME CHEF D'ACCUSATION.

PROVOCATION A LA DÉSOBÉISSANCE AUX LOIS.

J'arrive au second chef d'accusation : *provocation à la désobéissance aux lois*.. Ici, messieurs, la défense est plus claire et plus facile. L'allégation est moins vague ; les considérations générales, les tirades éloquentes sur la révolution de juillet deviennent choses superflues : le corps du délit est là, sous vos yeux, visible et palpable à tous.

« Français, on vous avait promis la liberté politique, et
» l'on vous a donné la violation de la charte et le coup
» d'état, qui a illégalement jeté 36 pairs dans la chambre
» haute. Les 320 millions que cette chambre vient de voter
» en une demi-heure, donneraient lieu à un refus d'impôt,
» si nous possédions l'énergie libérale de la première asso-
» ciation bretonne. »

Nous examinerons tout à l'heure le sens de cette phrase. Nous trouverons, dans l'ancienne opposition, des autorités que le ministère public ne pourra récuser aujourd'hui.

L'association bretonne, ainsi nommée parce que les journaux de Paris trouvèrent bon de dater de cette province un acte séditieux rédigé dans leurs bureaux, avait un seul but, celui d'engager, au premier prétexte donné, une lutte vigoureuse et simultanée contre le gouvernement. Tous les membres de l'opposition d'alors, aujourd'hui divisés pour jamais, y prirent part d'un accord unanime. M. Mauguin écrivait dans les journaux, le 18 octobre 1830 : « J'adhère » avec beaucoup d'empressement. Dans mon opinion, le droit » de refuser l'impôt va même plus loin qu'on ne paraît » l'avoir prévu. L'obligation de subvenir aux besoins de » l'état de la part des SUJETS, correspond à l'obligation » D'OBSERVER LE PACTE FONDAMENTAL de la part du gouver- » nement; et il résulte de là, selon moi, que, s'il venait à » y avoir une violation manifeste de la charte, le pays pour- » rait refuser l'impôt dès à présent, quoique le budget soit » voté légalement pour tout 1830. » Au reste, j'insisterai peu sur cette opinion de M. Mauguin : je sens que les hommes d'aujourd'hui feraient peu de façon pour renier cette ancienne amitié politique, et les principes sur lesquels s'appuyaient leurs communs efforts. Mais M. Kératry, qui écrivait : « qu'à des impôts illégalement perçus, il fallait des Hampden ; » mais M. Bernard, le prédécessur de M. Per. sil, qui accourait de Rennes pour défendre à Paris l'asso- ciation; mais M. Benjamin Constant, qui, dans une lettre adressée au *Courrier* du 29 décembre 1829, soutenait *que la mauvaise tendance d'un gouvernement suffisait seule pour donner le droit de refuser l'impôt*, déclinerez-vous leur com- pétence? Et qui devait apprécier cette *mauvaise* tendance du gouvernement? L'acte d'association lorraine, publié dans e *Journal de la Meurthe*, déclare que la *conscience publique* en est le seul juge. La conscience publique ! Comprenez- vous combien était large la manche de ces commodes direc- teurs de conscience !

Mais tout cela n'est rien. Voici une autorité devant la- quelle tout homme du pouvoir doit fléchir; un nom qui doit faire porter au chapeau la main de tout fonctionnaire et de tout ami du juste milieu : *M. Casimir Périer* « avait

» fort encouragé les électeurs de l'Yonne à réaliser leur projet
» d'association pour le refus de l'impôt. Cette pensée a reçu
» son développement. » (*Journal du Commerce.*) Et remarquez, messieurs, que j'ai choisi mes citations seulement parmi les aricles non incriminés. Elles ont donc un double but : celui de vous rappeler l'opinion de nos gouvernans d'aujourd'hui sur ces graves questions, et de vous montrer jusqu'où la liberté de la presse était tolérée sous la prétendue tyrannie de Charles X.

Voilà des faits, des faits notoires et reconnus, qui suffiraient pour nous absoudre, quand même nous aurions formellement exprimé le désir de voir refuser un impôt illégalement perçu : mais il n'en est rien. Nous avons dit : *donneraient lieu à un refus d'impôt, si nous possédions l'énergie libérale de la première association bretonne.* Si *nous possédions :* vous entendez ; ainsi nous ne la possédons pas, cette énergie : nous ne la possédons pas, parce que c'est une énergie *libérale*, parce que nous n'avons jamais partagé les principes des Mauguin, des Périer, des Benjamin Constant. Le si conditionnel indique positivement une condition : la condition n'existe pas : par conséquent la vérité est dans le contraire de la proposition énoncée. Si nous avions l'énergie libérale de l'ancienne association bretonne, nous pourrions refuser l'impôt : nous ne l'avons pas, donc nous paierons l'impôt : donc nous engageons, par notre exemple et nos paroles, tous nos amis, tous ceux sur lesquels nous pouvons avoir quelque influence, à payer cet impôt : donc le gouvernement nous doit des remercîmens comme à des citoyens soumis, et non des réquisitoires comme à des écrivains séditieux.

On a honte, vraiment, de descendre à ces détails, de faire un cours complet de grammaire politique à propos d'une phrase inoffensive.

Nous avons appelé l'ordonnance du 19 novembre coup d'état : mais avant nous, M. Dupin lui avait attribué cette qualification et s'y était énergiquement opposé. Est-il permis de parler et de penser comme M. Dupin ? Le *Courrier français*, la *Tribune*, le *National*, le *Temps* même, le *Temps*, feuille semi-ministérielle, se sont exprimés dans les mêmes termes. Le *National* a été bien plus loin encore. Pesez bien ses expressions : « Il y a violation du pacte fondamental. Le
» roi n'avait pas le droit de nommer des pairs ; nous ne re-
» gardons point comme tels les hommes qui figurent dans
» l'ordonnance insérée ce matin au *Moniteur*, quelque
» honorables que puissent être plusieurs d'entre eux, et
» L'IMPÔT VOTÉ PAR EUX NE PEUT ÊTRE LÉGALEMENT PERÇU. »

Et le *National* n'a point été incriminé ! Et nous, bien plus modérés, bien moins énergiques, nous sommes attaqués pour avoir publié les mêmes réflexions, revues, corrigées et considérablement diminuées, puisque là, où nous mettions un si, une condition, le *National* proclame un fait absolu.

Souvenons-nous, messieurs, que l'ordonnance sur la pairie a été universellement blâmée par tous les journaux, et que les folliculaires stipendiés du ministère ont seuls continué imperturbablement leur assourdissant chorus d'éloges à tant la ligne.

Nous-mêmes, dans notre numéro du 26 novembre, nous disions de cette ordonnance : « elle frappe d'illégalité tous les
» actes législatifs auxquels prendra part la nouvelle cham-
» bre des pairs. Elle frappe spécialement d'illégalité la loi
» du budget. » Et ce numéro n'est pas poursuivi ; et ces mêmes lignes, répétées un mois après, deviennent criminelles ! Entendez-vous donc avec vous-mêmes ! Des contradictions aussi palpables ne montrent-elles pas aux yeux de tous, que vous vous êtes impatientés un beau jour de voir paraître tranquillement la *Gazette de Franche-Comté*, et que

vous avez poursuivi au hasard le premier numéro tombé sous votre main? J'oserai même dire que ce hasard ne vous a pas bien servi.

Quoi qu'il en soit, par une singulière coïncidence, votre poursuite se trouve être le cadeau de bien-venue d'un nouveau gérant. Après avoir signé son premier numéro, il se reposait tranquille sur la foi de votre silence. Le dépôt n'avait point été suivi de saisie : et voilà que quinze jours après vous vous ravisez, quand l'action de l'article incriminé est non seulement déjà produite, mais même déjà effacée.

L'accusation a appuyé avec affectation sur les *gardes à monter, et les conseils de discipline, et les bataillons mobiles.* Elle a voulu nous présenter comme en opposition avec la garde nationale. Eh! messieurs, nous savons mieux que personne tous les services qu'elle rend au pays; nous savons que ce gouvernement, si faible et si haineux, aurait dix fois succombé, à Paris, sans la courageuse conduite de la milice citoyenne.

Je n'ajouterai qu'un seul mot à cette courte défense de notre soumission aux lois, et en particulier à la loi de l'impôt. Ce mot, je le trouve dans la *Gazette de Franche-Comté* du 3 décembre. Il explique parfaitement l'article incriminé, et fixe sur ce point la doctrine du journal; le voici : « Nous » sommes loin de prêcher la résistance ; nous n'imiterons » pas l'exemple de ceux qui, cherchant à entraver la mar- » che de l'ancien gouvernement, formaient des associations » contre l'impôt. »

Voilà, messieurs, comment nous sommes séditieux : c'est en prêchant la soumission aux lois, et en protestant contre toute espèce de révolte. On est heureux, quand pour se défendre, on n'a besoin que de se citer.

TROISIÈME CHEF D'ACCUSATION.

INSULTE A LA PERSONNE DU ROI ET A SA FAMILLE.

Nous voici maintenant arrivés à la partie comique de notre procès, comique de toutes façons, et quel que soit le rapport sous lequel on l'envisage : comique de fond, comique de forme, comique surtout par le sérieux bouffon avec lequel on vient accuser de lèze-majesté une très humble et très obéissante plaisanterie, jetée sans prétention et sans portée aucune dans le supplément d'un journal.

Depuis que nous avons en France la liberté de la presse, c'est-à-dire, depuis la restauration, jamais plaisanterie n'a été sérieusement signifiée et solennellement convoquée sur les bancs de cour d'assises. Jamais, jusques ici, de hauts magistrats n'avaient colleté leur gravité avec l'impétueuse gaîté d'un calembourg. En remontant un peu, nous verrions M. de Bièvre déclarer, sans amende, au roi Louis XV, qu'il n'était pas un *sujet* (protestation en sens inverse de celle des 165 députés); Bouflers, ambassadeur du même Louis XV, chansonner son auguste souverain; et Richelieu, de facétieuse mémoire, dévorer les pamphlets écrits contre lui. Quant à des procès de jeux de mots, l'histoire des causes célèbres n'en avait pas encore fourni. Il est ennuyeux et désagréable pour nous, qui sommes plus souvent graves que rieurs, d'entrer les premiers en champ-clos pour une cause de ce genre. Le bois vert de Figaro s'emmanche mal à notre main, et nous avons peu d'expérience à pointer les canons du *Corsaire;* essayons pourtant : il faut se faire tout à tous.

Ce que nous aurons à vous offrir de plus comique, sera l'imperturbable sérieux avec lequel nous disséquerons ces deux pauvres lignes. Appliquons doctrinalement la clinique au calembourg.

(Ici le défenseur lit l'article incriminé. Nous connaissons trop bien aujourd'hui la susceptibilité de messieurs les gens du roi pour oser le reproduire. Mais comme cette suscepbilité s'est réveillée trop tard, et a permis à nos abonnés de recevoir la criminelle plaisanterie, nous les renvoyons au n° 40 du journal, page 6, 1re colonne.)

Après cette lecture, le défenseur continue :

Voilà le corps du délit; voilà les lignes coupables; voilà le texte hérétique. Nous allons, messieurs, le regarder au microscope, avec tous les soins minutieux d'un moderne Saumaise pour un manuscrit non déchiffré. J'y mettrai la patience laborieuse d'un littérateur rabbinique commentant une phrase des Septante.

Tout honnête commentateur biblique distingue deux sens : le sens littéral et le sens mystique, ni plus ni moins. Tout autre sens ne peut être qu'un sens hérétique : honni soit le sens hérétique !

Quand un vieux texte traverse les siècles pour tomber aux mains crochues d'un savant impitoyable, permis au savant de tourmenter, de confronter, de torturer ce pauvre texte qui n'en peut mais, et dont la défense n'est qu'une muette et douloureuse impassibilité. Mais nous, qui, grâce au ciel, sommes là pour prêter appui à l'opprimé, nous qui, parrains responsables, n'abandonnerons point aux enfans trouvés nos phrases orphelines, nous ne souffrirons pas qu'on les brise dans une si cruelle question. Le sens littéral, tout le reste n'est qu'une vexation de grand inquisiteur. Eh bien ! le sens littéral est, ce me semble, d'une innocence assez palpable. Combien de basses cours qui, riches avant la révolution de juillet, sont tombées dans une profonde misère depuis ce malencontreux événement ? Combien ont été obligées d'afficher le terrible écriteau, A VENDRE ! Combien, dans maintes provinces, n'ont pas été contraintes de s'entourer de fossés, comme d'un rempart contre les gendarmes mobiles et les visites domiciliaires ? Croyez-vous que, si j'avais l'honneur d'être supérieur des trappistes de la Meilleraye, le fossé me semblerait de trop ? Combien de basses cours qui sont encore abondamment garnies en France d'animaux de toute espèce ? A-t-on le droit d'appliquer à une cour en particulier une description aussi générale ? Mais le coq sert d'enseigne, dira-t-on ? Eh mais, peu de basses cours, je pense, se passent du coq, ce sultan nécessaire, ce roi de droit divin de tout poulailler. Il est facile, en tordant le sens des mots, en précisant ce qui est vague, en rapprochant ce qui est éloigné, de faire dire à une phrase tout ce qu'on veut. Les délateurs, du temps de Néron et de Tibère, n'avaient pas d'autre secret : c'est un pas pour condamner même le silence; et le silence, nous l'avons vu condamner pendant la révolution : cela s'appelait conspirer sourdement.

Nous avons le droit, messieurs, d'exiger qu'on se renferme exclusivement dans le sens littéral. Allons plus loin cependant; toutes réserves faites, permettons un moment le sens mystique. Tâchons de saisir cette ombre légère, cette signification cachée d'un mot à double entente, que chacun, suivant ses propres idées et les fantaisies de son imagination, explique et commente à sa manière. Car il ne faut pas l'oublier, et je reviendrai tout à l'heure sur cette idée ; quand il est question d'une plaisanterie, le seul coupable est celui dont les pensées dévergondées lui donnent un sens séditieux. Quand une jeune fille prononce naïvement une expression que dénature la gaîté cynique d'un libertin, à qui le crime ? à celle qui heureusement pour sa pudeur n'avait pas assez d'esprit, ou à celui qui en a trop pour sa moralité ? Eh bien ! messieurs, la pauvre plaisanterie torturée, c'est la jeune fille dont je vous parle. Malheur à ceux qui comprennent trop bien !

Essayons cependant de nous expliquer avec eux ; admet-

tons un moment que tous les rapprochemens accusateurs fassent sortir la vérité de son puits, et voyons si cette pauvre vérité sera aussi mal reçue par les hommes que dans la fable. Supposons, ce qu'à Dieu ne plaise, qu'il y ait par là dedans de méchantes allusions, et que la coupable écurie des animaux en question soit une étable politique. Vous souvient-il de ces 300 chevaux à mille écus, de ces fonctionnaires à quatre pieds, de ces administrateurs à oreilles, que le projet de liste civile proposait de rétribuer mieux que les 90 centièmes des employés bipèdes ? Les voilà, ces animaux dont la basse cour est si bien fournie. Remarquez la coïncidence des temps : la plaisanterie incriminée a précisément le même âge que le projet de liste civile. Voilà le sens mystique, messieurs, et il me semble fort innocent. Je ne sais pourquoi il serait défendu de critiquer par l'ironie une aussi amère ironie que celle de ces 300 Bucéphales royaux. Mais poussons encore davantage ; admettons que ces animaux de *toute espèce* ne puissent s'appliquer aux seuls quadrupèdes ; admettons que toute la valetaille des mouchards et des laquais ne puisse servir à compléter la ménagerie des animaux de *toute espèce*. S'il le faut, nous oserons monter plus haut. Nous oserons y introduire les courtisans, les jeter sur le fumier de notre basse cour ; dire d'eux, avec Montesquieu :
« L'ambition dans l'oisiveté, la bassesse dans l'orgueil, le
» désir de s'enrichir sans travail, l'aversion pour la vérité,
» la flatterie, la trahison, la perfidie, l'abandon de tous les
» engagemens, le mépris des devoirs du citoyen, la crainte
» de la vertu du prince, l'espérance de ses faiblesses,
» forment, je crois, le caractère du plus grand nombre
» des courtisans, marqué dans tous les lieux et dans tous
» les temps. »

Massillon, Fénélon, Bourdaloue, sont pleins d'énergiques passages contre la cour et les courtisans. Paul-Louis

Courrier, l'un des plus spirituels champions de la liberté de la presse sous les derniers règnes, a été amené où nous sommes, devant les assises, pour ce même méfait. Les plus flétrissantes expressions tomboient de sa plume indignée,

Mais laissons-le parler; « il se tint coi, il attendit, et » bientôt il sut que Jacquinot (c'était le réquisiteur), ayant » dû premièrement faire approuver son accusation par un » tribunal, les juges lui avaient rayé l'offense à la personne » du roi; c'était le meilleur et le plus beau de son papier » *réquisitoire;* chose fâcheuse pour Jacquinot: bonne affaire » pour Paul-Louis. »

Aujourd'hui, messieurs, nous en espérons au moins autant; car tout notre crime, c'est que, comme lui, nous détestons et nous méprisons les cours; comme lui, nous voulons que jamais gouvernement, quel qu'il puisse être, n'enrégimente de nouveau ces laquais dorés et empanachés; comme lui nous voulons traîner dans la boue ces faméliques sangsues qui s'engraissent de la substance du peuple : et si la plus exquise courtoisie n'a pas présidé à ce sobriquet d'*animaux* qui les loge dans une *basse cour*, du moins l'expression leur va à ravir, et nul ne peut nier que, si l'habit a une coupe peu gracieuse, elle est du moins bien à leur taille.

Examinons encore s'il est possible d'appliquer cette qualification de basse cour et d'animaux à d'autres qu'à eux, et pour cela précisons la signification du mot cour. J'ouvre le Dictionnaire de l'académie, et j'y lis : Cour, *les officiers, les principaux seigneurs qui accompagnent ordinairement un roi, un souverain.* Comment donc, à moins d'oublier sa langue, comprendre le roi et sa famille sous cette dénomination ? Je continue l'article du Dictionnaire de l'académie : *Quand on dit homme de cour, cela se prend quelquefois en mauvaise part.* Eh! mais voici l'académie qui est notre complice. *En mauvaise part*, entendez vous ! Je continue encore : *Eau bénite de cour, vaines promesses, caresses trompeuses*. Encore un crime du Dictionnaire. Plus loin : *Amis de cour, amis sur lesquels on ne peut guère compter*. En prison, en prison l'académie ! ou bien renvoyons au Dictionnaire et à l'école ceux qui pensent que cour doit se traduire par roi, et animaux de cour par famille royale.

Soyons sérieux.

Voilà donc notre sens littéral et notre sens mystique bien fixés; tout autre sens ne serait qu'un sens hérétique que n'adopterait aucun concile littéraire, et que nous, pour notre part, nous désavouons hautement. Vouloir faire remonter jusqu'au trône les traits légers de la satire, mettre en scène, comme partie lésée, le roi et sa famille, c'est dans tous les cas une maladresse, et de plus, ici une injustice et un mensonge. D'après la liturgie un peu obscure, mais pourtant légalement reconnue du gouvernement constitutionnel, le roi est placé dans une sphère plus élevée que la nôtre; enfermé comme un dieu dans le tabernacle de la responsabilité ministérielle, il ne communique avec nous que par la liste civile. N'ouvrons pas le tabernacle, ne supposons pas qu'on puisse offenser le dieu ! Quoi ! l'accusation a pu voir le monarque à travers cette dure et irrespectueuse qualification ! Elle n'a pas reculé devant une pensée aussi effrayante. Ah ! messieurs, je vous l'ai dit plus haut, les seuls coupables sont ceux qui ont une imagination si vive, une intelligence si peu polie pour la famille royale. Nous avons attaqué la cour, c'est vrai; mais la personne du roi, non; le réquisitoire seul l'a insulté; il a trahi à nos yeux de secrètes idées auxquelles, respectueux citoyens, nous sommes loin de prendre part. L'accusation mériterait d'être incriminée pour ses coupables traductions. Bon Dieu ! quelles singulières pensées ! quel effrayant libertinage d'esprit! Quand de telles idées tournent autour de la tête, il faut les repousser par des signes de croix. Comprendre ainsi la gaîté! mais vraiment c'est succomber à la tentation de saint Antoine; c'est se voir entouré dans ses rêves de diablotins politiques de mille espèces : diables faits calembourgs, diables faits philosophes, diables sérieux, diables ricaneurs. Callot est là tout entier.

Qui pourrait écrire une ligne sans trembler, sous le poids d'une inquisition si intelligente et si féconde? Tout à l'heure nous défendions notre sérieux ; maintenant nous sommes forcés d'excuser notre gaîté. Le rire, les larmes, tout est coupable. Pauvre Héraclite, joyeux Démocrite, si vous reveniez en ce bas monde, vous seriez conjointement appelés aux assises, accusés, l'un d'avoir pleuré du peuple l'autre d'avoir ri du monarque. Diogène avec sa lanterne, cherchant un homme, serait coupable d'insulte envers la personne du roi. Et Zénon, marchant pour prouver le *mouvement*, serait inculpé de provocation à la désobéissance aux lois, le tout parce que le *mouvement* est l'ennemi du juste milieu. Que diraient aujourd'hui les agens du pouvoir, si un nouveau Bourdaloue, après avoir fait une longue et chaleureuse énumération de calamités et de fautes, osait insulter d'un courageux *tu es ille vir*, la majesté d'un front couronné? Celui-là c'était pourtant un jésuite, un de ces hommes que des déclamations absurdes s'attachent à peindre comme de lâches flatteurs! Où trouverons-nous aujourd'hui des Brutus aussi francs que les jésuites d'alors?

Eh bien, messieurs, savez-vous quelle fut la punition de Bourdaloue? *Il a fait son devoir, faisons le nôtre*, dit Louis XIV. Les courtisans n'osèrent offrir comme d'habitude leurs carosses au courageux prédicateur. Il en fut quitte pour s'en retourner à pied. Quant à nous, qui avons aussi fait notre devoir, nous que rien n'empêchera de le remplir, ni les menaces, ni les réquisitoires, ni les révolutions, on nous propose non pas de nous renvoyer à pied chez nous, mais de nous mener en prison. En prison ! grand Dieu, pour une plaisanterie. *Ecrivez qu'il a ri !* en prison, et pour combien de temps encore? Vous reculerez d'étonnement, messieurs, quand vous apprendrez le minimum de la peine. Six mois de prison et 1,000 fr. d'amende ; le maximum serait cinq ans et 20,000 f. De 1,000 f. à 20,000 f. pour une plaisanterie de deux lignes, de six mois à cinq ans de détention pour un moment de gaîté ! L'accusation y a-t-elle songé ? Elle-même voudrait-elle voir appliquer cet énorme *minimum* de la loi de 1819, revu, corrigé et augmenté par la loi de 1828 ? Non, mille fois non, je ne saurais le croire. En prenant des conclusions dont la fin dernière serait une aussi incroyable peine, l'accusation remplit un pénible devoir ; mais il est allégé par l'espoir, qu'elle partage sans doute, de voir l'omnipotence des jurés trancher la question par un acquittement. Et je vous le demande, messieurs, qui d'entre vous condamnerait à six mois et à 1,000 fr. un sourire léger et inoffensif?

C'est ici le lieu de dire un mot sur la loi elle-même ; de discuter les principes sur lesquels elle est basée ; de voir si elle est applicable aux hommes et au règne d'aujourd'hui.

Ces deux lois, messieurs, et nous devons l'avouer, quelque amis que nous soyons de la restauration, ces deux lois ont été faites en haine de la liberté de la presse. La première appartient à M. Decazes, à ce doctrinaire inventeur du système de bascule et du juste milieu, à ce favori qui n'a jamais employé que la censure pour répondre à ses adversaires. La seconde a été escamotée par l'adresse de M. Martignac, qui, au moment où il abandonnait la censure, se fit donner, en forme de côte mal taillée sur son marché législatif, une peine double de celle de la première loi contre les journaux.

Ces deux lois portent donc le caractère d'une mesquinerie méticuleuse, et d'un ridicule compromis entre des passions d'un jour. Au reste, elles étaient justifiées par les principes du gouvernement d'alors. Un monarque remonté, par droit de naissance, sur le trône de ses ancêtres, après vingt-cinq ans d'exil, qui n'avaient pu prescrire contre ce droit; une charte octroyée et non consentie ; la majesté royale conservant en elle-même l'origine du pouvoir ; le roi véritablement reconnu comme la loi vivante, tout cela imprimait à l'insulte faite à sa personne une culpabilité, une gravité qui n'existent plus. Quand le pouvoir, *à priori*, appartenait au monarque, attaquer cette majesté auguste, c'était attaquer la société toute entière. Aujourd'hui, loin de là, le roi n'est plus qu'un des trois pouvoirs indépendans de l'état, et si, comme cela est incontestable, il y a toujours quelque supériorité pour l'un de ces trois pouvoirs, elle appartient sans nul doute à la chambre des députés, qui a fait la charte, le roi, la constitution, et qui représente, tant bien que mal, le peuple. Le peuple, voilà aujourd'hui le véritable souverain en théorie, et même souvent en pratique. Le peuple ! voilà la majesté à qui eussent dû être transportées les vengeances de la loi. Insulter le peuple aujourd'hui, c'est insulter le souverain. Le pouvoir est déplacé, et c'est folie de vouloir regarder les membres de la famille actuellement régnante, comme les ayant-causes qui représentent la famille descendue du trône. Le peuple, oui le peuple, lui seul est aujourd'hui l'héritier de la souveraineté morte. Invoquer au profit du roi d'aujourd'hui les lois faites pour protéger le roi légitime, c'est une incroyable anomalie, c'est un ridicule anachronisme. Quelle détestable plaisanterie, que d'appeler la révolution un simple *accident*, et la prise de possession de Louis-Philippe un changement de personne ! Entre hier et aujourd'hui il y a un immense abîme ; tous les liens sont brisés entre le passé et le présent; et ces inflexibles principes seront plus puissans que les débiles efforts de quelques hommes qui voudraient continuer la restauration. Non, cela n'est plus posssible; non, le torrent que vous avez précipité ne s'arrêtera pas à votre voix; non, vous ne pourrez pas dire, en vous frottant les mains au coin de votre feu : il n'y a que trois Français de moins, et six cent millions d'impôts de plus!...

Une nouvelle preuve du peu d'autorité de cette loi d'une autre époque, c'est que le pouvoir lui-même n'en fait pas exécuter les plus importantes dispositions. Oui, messieurs, avant même l'article qui punit les offenses contre la personne du roi, un article que son rang dans la loi devrait faire considérer comme le plus impérieux de tous, frappait de peines sévères *tout outrage à la morale publique ou religieuse*. A la morale publique! et nous voyons les campagnes infectées par les cyniques œuvres de cette littérature de mauvais lieu, qui fait vivre les colporteurs. Nulle part les magistrats ne les saisissent. La loi de 1819 est morte, alors. Cette loi ajoute : outrage à la morale religieuse! et partout les caricatures et les chansons impies, et Dupuis sur l'origine des cultes, et les Ruines de Volney, e la Guerre des dieux, enrichie de gravures immondes, obtiennent, du silence des gardiens de la loi, un passeport et un brevet d'impunité. Un fait de ce genre a été proclamé dans la *Gazette de Franche-Comté* : un digne curé, plein de zèle et de courage, avait, à ses risques et périls, saisi sans droit légal la cargaison d'un colporteur; celui-ci porta plainte : le curé s'attendait à une citation, et loin de craindre la publicité, voulait obtenir un jugement solennel qui osât condamner en sa personne la morale publique, ou en celle du colporteur cet infâme commerce de turpitudes, patenté et autorisé par l'indifférence des agens du pouvoir.

Eh bien! l'affaire a été étouffée, le curé n'en a plus entendu parler; on n'a pas osé s'avouer coupable devant l'opinion, en soutenant un homme dont on était complice, puisqu'on ne voulait pas le réprimer ; et sans doute le colportage continue sous la protection de l'impunité. Ces faits sont notoires; publiés dans un journal, ils n'ont point provoqué de réponse; on dira peut-être encore, comme pour les faits du premier article, qu'ils poussent à la haine et au mépris du gouvernement : alors emprisonnez les faits, nous ne demandons pas mieux. Otez-nous tout prétexte à des reproches, nous nous tairons; faites le bien, nous trouverons même dans notre bouche inaccoutumée des paroles pour vous louer et vous encourager. Mais non : s'agit-il de morale publique et religieuse ? eh! que nous fait cette morale ? Le peuple sera corrompu par ces publications obscènes. Tant pis pour le peuple. Dormez, dormez, loi de 1819. Oh! s'il est question de morale politique, c'est tout autre chose, réveille-toi, loi de 1819; viens pour renfort, loi de 1828, qui double la peine. En avant les réquisitoires et les saisies; peu importe que le peuple soit bon et vertueux, mais il faut qu'il aime le gouvernement; car l'article premier de notre cathéchisme moral, le voici : Pourquoi Dieu vous a-t-il créé et mis au monde ? R. Pour aimer, chérir et payer le gouvernement.

Un mot encore sur cette pauvre plaisanterie pour laquelle j'ai vraiment honte de m'étendre en de si longs développemens. Mais le réquisitoire a soulevé à ce propos des questions si graves qu'elles méritaient d'occuper quelque peu votre attention. Je viens de la défendre en principe : je crois avoir suffisamment prouvé que la loi ne pouvait s'y appliquer en aucune manière. Et que serait-ce donc si, par de nombreuses comparaisons, je vous montrais jusqu'à quel point la jurisprudence de la presse autorise les vives saillies de cette liberté qu'on veut nous contester!

La *Caricature*, poursuivie, mais acquittée pour avoir travesti le roi en commis voyageur; poursuivie et acquittée une seconde fois pour l'avoir représenté soufflant, en bulles de savon, les promesses de juillet; non incriminée pour avoir appliqué le nom de poire à ses traits élargis d'en bas et rétrécis d'en haut, pour s'être égayée en mille jeux de mots sur les poires molles, les poires tapées, les poires en compote, les poires qui donnent des *amendes* au lieu de pepins; pour avoir peuplé une basse cour (et vous voyez, messieurs, que cette plaisanterie ne nous appartient pas), pour avoir peuplé une basse cour d'animaux immondes, au milieu desquels figurent sur un fumier les courtisans et le ministère; le *Figaro*, le *Corsaire,* le *Revénant*, la *Némésis*, n'ont-ils pas d'avance absous, par leur indépendance impunie, tout ce que la malice ou la gaîté pourrait se permettre? Un exemple suivi, une citation accueillie, seront-ils imputés à crime? La *Mode,* la joyeuse et spirituelle *Mode,* à laquelle tous les partis accordent un sourire, n'a-t-elle pas avant nous peuplé d'animaux bavards sa divertissante basse cour? Et le *visa* de M. Persil n'est-il pas un certificat de sécurité pour tout ce qui a pu passer à la visite de ce douanier littéraire?

(Ici le défenseur lit un passage de la *Mode* qui contient cette même plaisanterie de *basse cour*.)

Nous voilà donc complétement innocentés par un *laisser passer* de la censure parisienne; ou bien alors il faudrait rappeler le mot de ce magistrat qui, portant l'année dernière la parole dans un procès de presse que nous nous plaisons à regarder comme un heureux présage, fit une solennelle déclaration contre l'esprit obtus et reculé de nous autres, pauvres Comtois. Sans doute il a voulu prouver que sa présence élèverait notre cité au-dessus de la civilisation intellectuelle de la capitale: son coup-d'œil a été plus perçant que celui du procureur-général modèle, et nous sommes poursuivis pour avoir cru qu'en fait d'inquisition littéraire, nul ne pouvait l'emporter sur M. Persil.

Au reste, messieurs, soyons plus justes; car nous vous devons notre pensée tout entière. Eh bien! sérieusement, nous ne pouvons croire que l'idée de cette poursuite appartienne à M. le procureur-général. Sans parler des injonctions ministérielles, puisqu'il les repousse comme une calomnie, son opinion large et franche sur la liberté, et surtout sur la liberté d'écrire, n'aurait-elle pas été combattue par des influences étrangères, modifiée par des entourages illibéraux? Nous ne déciderons pas la question. Mais nous osons croire que, s'il ne nous a pas fait l'honneur de se charger lui-même de notre affaire, qui peut-être est de quelque importance dans le cercle provincial où nous vivons, c'est uniquement parce que ses habitudes et ses sentimens répugnaient à l'attaque d'une liberté dont quinze années d'opposition lui avaient bien fait connaître tout le prix. Sa main a dû s'étonner de signer un réquisitoire contre un article que l'exercice consciencieux et libre de sa noble profession d'avocat eût défendu il y a deux ans. Au reste, qu'il le sache, cette réflexion est un hommage bien plus encore qu'un reproche.

CONCLUSION.

Messieurs, nous avons, ce me semble, suffisamment défendu les articles incriminés; nous n'avons reculé devant aucun détail, devant aucune objection, devant aucune manière de les envisager, si étroite, si judaïque qu'elle fût, si vague, si générale qu'elle pût être. Nous avons disséqué avec le plus minutieux scalpel et les mots et les pensées : mais tout cela n'est rien encore. Il y a ici plus qu'une question de quelques jours de prison ou de quelques cents francs d'amende. Nous avons besoin d'un certificat de patriotisme, d'une déclaration de probité politique, et nous venons hautement la réclamer devant vous. C'est notre journal tout entier, ce sont nos opinions, nos actes, nos personnes, qui ont besoin d'un verdict d'acquittement.

Au reste, messieurs, nous ne comprenons point par là la ridicule exigence d'un assentiment universel à nos opinions et à nos sentimens. Le *tradidit mundum disputationibus* est aujourd'hui plus vivace et plus impérieux que jamais. Tout ce que nous voulons, et il y a quelque chose dans notre conscience qui nous rend certains de l'obtenir, tout ce que nous voulons, c'est de trouver chez tous la sympathie que nous éprouvons pour tous. C'est que philippistes, napoléonistes, républicanistes de bonne foi, nous regardent comme frères par le dévouement au pays, la plus noble des parentés, comme nous honorons, dans chacune de leurs opinions, ce qu'elles peuvent avoir de sincère, de noble, de patriotique.

Pour cela, qu'on nous permette un mot sur nos doctrines et sur nos sentimens. Nous voulons justifier notre raison et notre cœur, prouver que nous ne sommes ni des trainards politiques, ni de mauvais citoyens.

Les légitimistes ont besoin, dans cette province surtout, d'une profession de foi politique. Il faut pour obtenir un jugement impartial être connus; et nous ne le sommes pas. Qu'est-ce qu'un journal, où les faits chassent les doctrines, où les théories ne peuvent se glisser que par la protection des événemens? Un journal, tribune mesquine et restreinte, à sessions éloignées; publication d'ailleurs censurée par le respect pour les lois, gênée par des convenances de tout genre. Non, il nous fallait une vaste arène, un auditoire ramassé et compacte, non plus divisé par les distances, et refroidi par un silence de plusieurs jours. Nous avions besoin d'une tribune. La voici, grâces en soient rendues au ministère public.

Dans l'opinion vulgaire, telle que l'ont faite les monologues périodiques des journaux, c'est une chose bien singulière qu'un légitimiste. Corps et âme il a été livré aux bêtes : il ne sait que regretter le passé, sans oser envisager le présent, et dans ses songes dorés il rêve le gouvernement turc ou la schlague autrichienne.

Cependant un légitimiste aujourd'hui, ce n'est plus cela. Un légitimiste est de ce siècle et non de l'autre. Il comprend son temps, et les grands mots de philosophie et de perfectibilité ne lui font pas peur. Il marche, il est du *mouvement*, et s'il regarde la loi salique comme un besoin social en France, ce n'est ni par une vague et sentimentale tendresse pour des souvenirs, ni par un indigne attachement à des intérêts. Il raisonne plus encore qu'il ne sent; il est prêt à exposer sa pensée tout entière à ses amis comme à ses ennemis; et sa logique ne craint pas plus le grand jour que ses affections.

Laissons là le vieux droit divin avec ses nuages, espèce de fantôme d'opéra, Adamastor politique qui ne fait plus peur à personne. Il n'a aujourd'hui pour champions que quelques imperturbables menteurs, dont M. Salverte est sans contredit le principal chef, et quelques misérables imbéciles qui croient avoir tout fait quand ils ont lancé contre nous cette machine de guerre vermoulue.

Que voulons-nous, messieurs? C'est ici le cas de nous expliquer avec une franchise sans réserve. Liberté de la presse, liberté des cultes, liberté d'enseignement, liberté individuelle, libertés provinciales, libertés communales, plus de monopole ni de centralisation, plus de priviléges d'aucun genre pour qui que ce soit. Égalité large, franche, complète; égalité entre les citoyens dans les communes, entre les communes dans les provinces, entre les provinces en France; et la monarchie pour lien fédéral. Nous appelons notre rêve non une *monarchie républicaine,* mot vide de sens, mais monarchie fédérative. La liberté, nous la voulons plus grande que le juste milieu ne nous la donne, plus grande que les républicains ne nous la promettent. Nous la voulons non dans les mots, mais dans les choses; non exploitée comme une ferme par tel ou tel parti, mais possédée également par tous.

J'y consens, me direz-vous; mais qu'a de commun la légitimité avec tout cela? Donnez-nous votre liberté, gardez votre légitimité. Messieurs, la société ainsi constituée sera un édifice bien hardi. Semblable à ces vieilles et gothiques cathédrales jetées dans les nues, que d'élémens divers, que d'ordres d'architectures mal d'accord, que de vouloirs individuels discordans! Il lui faudra ces profondes racines d'une loi vieille de quinze siècles, et cette forte clef de voûte d'une volonté énergique.

Ces paroles, messieurs, vous sembleront peut-être bizarres, ces théories nouvelles et peu croyables. De vieux préjugés, plus difficiles à secouer que les chapes de plomb des damnés du Dante, nous ont si long-temps représentés comme les incorrigibles ennemis des libertés publiques! Mais, messieurs, nous appartenons à une école bien ancienne et bien nouvelle tout à la fois; celle que nous pourrions nommer l'école française; celle qui regrette nos vieux états-généraux, et nos vieilles franchises, et nos vieux souverains, qui étaient aussi une de nos franchises; celle qui, morte depuis Richelieu, relevée à demi en 89, noyée, pendant huit ans, dans le sang des échafauds; opprimée, pendant quinze années, dans les serres de la victoire; étouffée, pendant quinze autres années malgré les efforts de nos princes, sous les paperasses accumulées des bavards doctrinaires, repousse maintenant le marbre pesant de sa tombe, et va bientôt surgir rayonnante d'une sublime résurrection. Liberté sainte et pure, écrite non sur un drapeau, non sur une charte, mais dans le cœur des Français !... Permis aux lâches qui ne reculent devant aucune calomnie, et aux mesquines intelligences qui sont indignes de nous comprendre, de suspecter la loyauté de nos affirmations et la sincérité de nos paroles. Messieurs, si jamais venait le jour où l'on pourrait nous sommer de ne pas demeurer en reste avec notre honneur et nos promesses, l'on verrait !..... En attendant, nous n'avons donné à personne le droit de douter de nous. Nous ne nous sommes pas vautrés dans la fange des intérêts, nous n'avons pas le front stigmatisé de parjures, nous n'avons pas fait gloire des conspirations, nous n'avons pas donné à nos ennemis le baiser de Juda. Histrions politiques, nous n'avons pas fardé nos visages, enveloppé notre vie comédienne du manteau de Scapin, écrit sur nous-mêmes ce mot qu'on attache en longues lettres au dos de l'enfant déloyal, lorsqu'un maître sévère et juste le jette à genoux au coin de l'école, et que ses camarades le montrent au doigt : ce mot, le plus hideux de tous les outrages, MENSONGE!

Restent encore trois odieuses accusations à repousser loin de nous. On prétend que nous voulons la guerre étrangère, que nous poussons à la guerre civile, et que nous conspirons contre le gouvernement actuel. Non, messieurs, nous protestons hautement et solennellement contre toute alliance avec l'étranger ; nous protestons contre toute sympathie pour les étendards détestés qui déjà deux fois sont venus secouer sur nos têtes leurs plis insolens, et semer la honte sur notre patrie. Loin de nous le drapeau jaune et noir de l'Autriche ; loin de nous les barbares du Nord et leurs cosaques. Ces odieux alliés ! ils nous ont profané par leur présence notre belle restauration : nos Bourbons se sont jetés entre eux et la France, quand déjà la gloire impériale avait fait *sa halte dans la boue;* la légitimité seule nous en a arrachés en faisant rétrograder l'invasion par d'affreux mais indispensables sacrifices. Ah ! messieurs, périsse à jamais notre cause, si son triomphe devait lui faire endosser une aussi affreuse solidarité ! Si nous avons encore des malheurs à supporter, souffrons ensemble, comme le disait Napoléon : *Lavons notre linge sale en famille.* Tout par la France, rien que par la France. Voilà le cri d'armes du blason royaliste. Nos adversaires eux-mêmes, ceux du moins qui ont dans les idées quelque largeur et quelque générosité, commencent à le comprendre. Ecoutons le plus fougueux d'entre eux, l'éloquent auteur de la *Némésis :*

> La haine des partis trouble la France entière ;
> Mais qu'un premier boulet déchire la frontière,
> Et vous verrez alors qu'en ce grave moment
> La poudre des canons est pour nous un ciment ;
> Les trois partis rivaux oubliant leur querelle
> Ne verraient que la France et s'uniraient pour elle ;
> Tout Français marcherait à l'appel du canon.

Loin de nous aussi, messieurs, la pensée d'une autre guerre intérieure que celle des idées et des discussions. Une seule chose pourrait faire éclater la guerre civile en France, *l'anarchie.* Et certes, jamais nos principes ne produiront un tel résultat.

Mais nous conspirons..... Non, nous ne conspirons pas. Nous ne conspirons pas, parce que nous regardons toute conspiration comme acte coupable et déloyal; parce que nous disons avec Fénélon, que la révolte n'est jamais permise ; parce que nous savons remplir nos devoirs de citoyens soumis sans nous laisser préoccuper par nos passions et nos vœux. Nous ne conspirons pas et nous ne conspirerons jamais, parce que nous avons foi en nos principes, et que nous savons qu'ils suffisent pour nous assurer la victoire. Nous ne conspirons pas, parce que le temps, les hommes, les choses, la nécessité, tout conspire pour nous. Nous ne conspirons pas, parce que nous savons l'histoire de nos quarante ans de troubles, parce que nous avons vu la société, une fois troublée en 93, revenir aux immuables idées d'ordre et de paix, en parcourant malgré elle un cercle de modalités politiques aussi inévitable et aussi infrangible qu'un syllogisme bien fait. Nous ne conspirons pas, parce que nous savons que les idées dominent les hommes; et comme nous croyons en nos idées, nous ne leur ferons pas l'injure de leur donner d'indignes secours avec de méprisables coteries et de ridicules coalitions. Si nos doctrines sont vraies, elles triompheront à l'heure dite; si elles sont fausses, rien ne pourrait les empêcher de succomber.

Messieurs, il faut bien avoir une religion politique; la nôtre, c'est la foi en la volonté nationale; sans elle, point de salut. Il est temps de convenir que la souveraineté populaire est un fait, et que souvent la brutale et rude pratique de ce fait donne un éclatant démenti aux plus belles théories. Celle-ci, d'ailleurs, était reconnue dans notre vieille France, par ces jugemens de pairs, imprescriptible droit de toutes les classes de la société, depuis le monarque jusqu'au simple bourgeois. Ainsi, mieux que la charte doctrinaire de 1814, nous renouons dans nos pensées la chaîne des temps : le 19e siècle ce devrait être le 16e moins ses abus; la liberté, ce serait notre ancienne constitution moins les castes, les dîmes, moins l'inégalité politique, moins les lettres de cachet. Ainsi, peuple mûr, nous ne renierions de notre jeunesse que ses fautes, et nous n'abandonnerions pas notre passé. Encore une fois, monarchie fédérative.

Après cette profession de foi publique, cette confession complète de nos moindres vœux, je concevrais encore, messieurs, que nous ne fussions pas assez heureux pour réunir toutes les opinions dans la nôtre ; au temps seul et aux événemens les conversions politiques. Mais ce qui serait pour moi une chose inouïe, incroyable, incompréhensible, c'est que vous puissiez en condamnant les articles incriminés, frapper d'une solennelle réprobation l'œuvre à laquelle nous sommes dévoués. Non, messieurs, notre bonne foi, notre franchise, notre amour pour la patrie nous rassurent. Il y a dans notre conscience quelque chose qui nous absout.

En fait, nous vous avons démontré la faiblesse de l'accusation. 1° En dépouillant le premier article de tout ce qui n'attaque en rien le pouvoir, et de tout ce qui ne l'attaque que dans la personne de ses agens, il n'est resté que quelques expressions sans force qui ne peuvent constituer le délit d'excitation au mépris et à la haine du gouvernement. Voilà pour le premier chef. 2° Nous avons prouvé en parcourant le deuxième chef d'accusation, que loin d'exciter à la désobéissance aux lois, nous donnions nous-mêmes l'exemple et le conseil de cette soumission que leur doit tout bon citoyen. Quant au troisième chef d'accusation, l'*insulte à la personne du roi et des princes*, je n'en dirai plus rien, de peur d'en avoir déjà dit plus que n'en comportait une allégation aussi évidemment dénuée de toute preuve.

Nos intentions me paraissent aussi avoir été complétement justifiées.

Au reste, messieurs, si nos paroles sont quelquefois vives, passionnées, empreintes même de quelque amertume, souvenez-vous que nous vivons, nous Comtois, sur une terre de rudessse et de loyauté. *Gazette de Franche-Comté!* Croyez bien que ce n'est pas pour revêtir un ridicule uniforme, pour nous enrégimenter avec les autres provinces, que nous avons adopté ce titre; il a un sens plus noble, un sens plus digne de nous, et de vous nos concitoyens. Ce mot renferme une promesse de liberté. Oui, si la première révolution a enlevé à notre province ses vieux priviléges, ces antiques immunités qui nous rendaient *francs* parmi tous les autres *francs*, il en est un que toujours nous saurons réclamer, et dont nous empêcherons la prescription par l'usage. Au milieu des ruines de tous nos droits oubliés, nous conserverons comme nous l'avons promis notre rude et noble franc parler; il doit être la continuelle traduction de notre titre : Défendons-le courageusement, car il est notre dernière, mais aussi notre plus précieuse franchise.

M. Curasson a ensuite pris la parole.

Messieurs, a-t-il dit, vous avez entendu le langage franc et loyal de mon jeune et honorable ami : je ne pourrais qu'affaiblir des raisonnemens si bien développés, et ce serait fatiguer inutilement votre attention.

Avant de répondre à quelques objections difficiles à prévoir, puisqu'elles ne touchent pas au véritable point de la cause, qu'il me soit permis de vous présenter une observation qui m'est suggérée par l'expérience d'une longue carrière qui fut constamment vouée, j'ose m'en flatter, au bien public et à l'intérêt de mes concitoyens.

J'ai assez vécu pour avoir traversé toutes les révolutions, qui, depuis 40 ans, se sont succédé dans notre monde politique; et qu'ai-je vu? la liberté toujours promise par ceux qui voulaient arriver au pouvoir, et cette même liberté baillonnée aussitôt qu'ils y étaient parvenus. Une autre chose digne de remarque, c'est que le parti vainqueur s'est toujours empressé de se servir des armes forgées par le parti vaincu. Ainsi, malgré le contraste entre ce qui existait avant les journées des barricades, et le système d'aujourd'hui, on vous demande l'application des lois faites par le pouvoir déchu, pour comprimer la presse; et cela sans égard aux promesses les plus solennelles, à l'anathème prononcé par la nouvelle charte contre toute espèce de censure.

Les Français de toutes les opinions avaient lieu de compter que, des ruines d'un antique édifice, sortirait du moins la liberté qui console ; mais comment ont été accomplies les promesses de toutes les libertés? Au lieu de la liberté d'enseignement, ce droit sacré de la nature, la France ne demeure-t-elle pas sous le servage d'un odieux monopole? Ne sommes-nous pas encore soumis à la gabelle de l'université? Ne gémissons-nous pas toujours sous le joug de la centralisation impériale? Jouissons-nous enfin de la liberté de la presse, qui est le palladium de toutes les autres? Elle existe de nom; la censure n'est pas de droit, mais bien de fait; les écrivains de toutes les opinions meurent dans les cachots; et jamais sous aucune administration les poursuites contre la presse ne furent aussi multipliées. Faudra-t-il donc abandonner nos libertés, parce que la presse moleste et fatigue les hommes du pouvoir? Faites-vous un bouclier de votre mérite, les traits que vous lance l'ennemi tomberont à vos pieds; et, comme le disait déjà en 1819 un illustre écrivain (M. de Châteaubriant) : « Nous ne voyons que le crime, la bassesse
» et la médiocrité qui doivent craindre la liberté de la presse.
» Le crime la redoute comme un échafaud ; la bassesse,
» comme une flétrissure; la médiocrité, comme une lu-
» mière! »

Venant à l'objet du procès, on avait, continue l'avocat, présenté les habitans de cette province comme des gens que la civilisation avait à peine dégrossis, lorsque l'été dernier, plusieurs jeunes gens conçurent le projet d'exercer leur plume dans un journal. Se traîner à la suite de trois ou quatre feuilles ministérielles, que leurs infirmités retiennent dans l'état le plus languissant, malgré le secours d'une subvention, c'eût été une pitoyable et peu courageuse entreprise. Ce journal fut donc destiné à grossir le nombre de ces feuilles de province qui se multiplient tous les jours : sous un régime où l'opinion publique est une véritable puissance, l'opposition de la presse ne démontre-t-elle pas la faiblesse du système de ceux qui, semblables aux *adorateurs de Baal, boitant des deux côtés*, prétendent tenir le juste milieu.

Résister aux attaques dirigées contre la religion, base essentielle de tout gouvernement; développer les idées politiques tendant à maintenir la stabilité des états; s'élever contre les abus du pouvoir; réclamer, pour toutes les classes de la société, une part dans les affaires publiques; plaider l'émancipation des communes; faire sentir aux provinces la nécessité de s'affranchir de la domination de la capitale; telle est la tâche honorable que se sont imposée les rédacteurs du journal. Leurs vues ne pouvaient manquer d'être appréciées, et le nombre des abonnés a bientôt prouvé qu'elles l'étaient.

Ils ne se sont point dissimulé cependant la difficulté et même les dangers de l'entreprise. Il ne faut pas beaucoup de hardiesse pour publier sa pensée, quand on est de l'avis du plus fort ou du plus puissant; mais il faut avoir une certaine élévation d'âme pour braver les proscriptions et les injustices; celui qui s'y voue dans les circonstances actuelles, ne peut-être guidé par l'ambition, il ne peut-être soutenu que par l'amour de la vérité, par le désir d'être utile à son pays.

Nous n'avons pas tardé à éprouver l'application de cette devise adoptée par certaines gens :

Nul n'aura de l'esprit, hors nous et nos amis.

Le premier numéro de ce journal avait à peine paru, que

quelques intrigans obscurs, qui, par liberté de la presse entendent la licence pour eux et l'oppression pour les autres, sont parvenus à exciter, contre l'un des collaborateurs, une espèce d'émeute, dont les suites ont été prévenues, grâce à la fermeté du pouvoir municipal. Bientôt le gérant a éprouvé lui-même des menaces; on a poussé l'infamie au point d'intimider ceux qui lui donnaient asile, et après avoir été contraint de courir de gîte en gîte, il a abandonné l'entreprise, en cédant son cautionnement à un homme du pays.

Et c'est la première feuille publiée par le nouveau gérant qui donne lieu au procès actuel.

Après cette introduction, l'avocat a improvisé, à deux reprises, la réplique aux objections du ministère public.

Il a critiqué d'abord la marche suivie par ce magistrat. « Voulez-vous, a-t-il dit, renouveler le système des procès de tendance qu'avait introduit la loi du 17 mars 1822? On ne sache pas même qu'il en ait été fait usage par les tribunaux d'alors. Les exemples du moins en seraient infiniment rares. Quoi qu'il en soit, cette loi, qui prêtait à l'arbitraire, excita des réclamations générales, et fut abolie par la loi du 17 mars 1828. Ainsi, et sous le règne même du pouvoir déchu, on fut obligé d'en revenir à la loi du 26 mai 1819, dont l'article 6 exige impérieusement que le ministère public articule et précise les passages incriminés, les seuls dont l'écrivain ait à se justifier; et la loi du 8 avril 1831 a renouvelé cette disposition à peine de nullité. »

Telles sont les limites dans lesquelles doit se renfermer l'accusation.

Dans la recherche de tous les délits, il faut, dit-on, examiner la *moralité* du prévenu. Le délit de la presse n'a rien de commun avec les autres délits; ici tout est clair, matériel et positif; il n'y a d'obscurité ni sur le prétendu corps de délit, ni sur son auteur; il ne s'agit pas d'intention, il n'est question que d'examiner si l'écrit lui-même renferme les caractères prévus par la loi.

Le gérant n'est responsable que des articles qu'il a signés. Or, la feuille incriminée est la première qui ait été signée par M. Pinondel.

J'aurais donc pu m'opposer à la lecture des différens passages du journal, et si je ne l'ai pas fait, c'est que j'ai voulu tirer de cette tactique du ministère public un argument foudroyant contre l'accusation. En effet, la loi veut qu'au moment de la distribution d'un journal, le numéro soit déposé au parquet du procureur-du-roi. Sentinelle vigilante, c'est à lui à examiner si la feuille qui lui est transmise est répréhensible : ici, personne assurément n'accusera le ministère public d'avoir trahi ses devoirs; si donc il n'a ni empêché la publication, ni exercé de poursuites, c'est qu'il a jugé que les numéros contre lesquels il s'élève aujourd'hui ne renfermaient rien de contraire à la loi : *serò accusas quod probasti.*

Il y a plus, les articles ainsi approuvés d'une manière tacite, étant beaucoup plus énergiques que la feuille incriminée, elle est justifiée par là même. Autrement ce serait un piége tendu à la bonne foi du gérant; en suivant les doctrines et les principes de son prédécesseur, n'a-t-il pas dû compter sur la même liberté? A l'égard des articles incriminés, qui, dit-on, ont dû causer le plus mauvais effet dans le public, on n'a pas non plus jugé nécessaire d'en arrêter la publication. La feuille est répandue dans toute la province, et ce n'est que quinze jours après qu'a paru la notification du réquisitoire.

Ce ne sont donc pas les articles incriminés qui ont excité la susceptibilité du ministère public, c'est le journal à qui l'on en veut; c'est le système d'attaque générale dirigée contre la presse, sur tous les points du royaume, qu'il s'agit de mettre en pratique dans cette province.

Repoussant avec force les personnalités dirigées entre les rédacteurs du journal, que l'on accuse de défendre à présent des principes de liberté pour arriver au despotisme, et afin d'accaparer, comme ci-devant, toutes les places, tous les honneurs, si leur vœu venait à être acompli, je m'honore, dit M. Curasson, d'avoir coopéré moi-même à la rédaction; je ne crains pas de m'avouer l'auteur d'un de ces nombreux articles qui ont été l'objet de la critique générale à laquelle le ministère public vient de se livrer si inutilement. Eh! qui peut m'adresser le reproche d'avoir accaparé les places, moi qui n'ai jamais obtenu ni réclamé de faveurs de l'ancien gouvernement? Que l'on consulte mes écrits, que l'on porte l'inquisition la plus sévère sur la conduite que j'ai tenue dans les diverses fonctions gratuites dont je fus honoré, et l'on verra si mes principes ont varié, si l'indépendance de mon caractère n'a pas toujours été la même, si je n'ai pas constamment plaidé la cause du peuple, des communes, des établissemens publics? la fidélité d'un sujet, mais le patriotisme d'un citoyen, tels sont les sentimens que je professais, ainsi que mes honorables collaborateurs.

Chacun est libre d'avoir une opinion et de l'exprimer, dit M. l'avocat-général : mais les restrictions qu'il apporte à ce principe, ressemblent assez au langage d'un pédagogue qui, montrant la verge, dirait aux enfans : amusez-vous, faites tout ce que vous voudrez; mais si j'entends le moindre bruit, vous aurez affaire à moi : avec ces restrictions, la liberté de la presse se trouverait à peu près réduite au monologue du mariage de *Figaro* (1).

(1) Pourvu que je ne parle, ni de l'autorité, ni du culte, ni de la morale, ni des gens en place, ni des corps en crédit, ni de personne qui tienne à quelque chose, je puis *tout imprimer librement*.

En réprimant l'excitation à la haine et au mépris du gouvernement du roi, le même article ajoute : « La présente » disposition ne peut pas porter atteinte *au droit* de discus-» sion et de *censure* des actes des ministres. » Ce second paragraphe explique la pensée du législateur, et si l'on donnait à l'article l'extension vague que le ministère public voudrait y attribuer, alors non seulement la censure, mais la simple discussion des actes du pouvoir pouvant être considérée comme un délit, la plume serait enchaînée, et, sous l'empire de la *charte-vérité*, la liberté de la presse ne serait qu'une véritable déception.

L'avocat examine de nouveau les articles incriminés. Il serait absurde de prétendre que l'auteur du premier a voulu accuser le gouvernement des calamités dont il présente le tableau, il n'accuse que la révolution, et M. l'avocat-général n'est guère d'accord avec ceux qui occupent le pouvoir, quand il cherche à identifier le gouvernement avec la révolution.

Le second article ne paraît pas même susceptible d'une discussion sérieuse. En ce qui concerne le chef de l'état, la loi a prévu trois genres de délits : *attaque à la dignité royale*; excitation *à la haine et au mépris du gouvernement;* OFFENSE *envers la personne du roi.* Ce dernier délit, que la loi considère comme le plus grave, et qu'elle rend passible d'une plus forte peine, est précisément celui que l'on prétend faire résulter de ces mots : *basse cour à vendre, fournie de toute sorte d'animaux.* Mais pour qualifier d'offense envers la personne du roi une phrase, une plaisanterie surtout, il faudrait que la personne du roi fût désignée nominativement, de manière au moins à ne laisser aucune amphibologie. Nous avons ici à regretter que la récusation de M. l'avocat-général nous ait privés d'un juré qui connaît si bien la propriété des expressions (M. Weiss, bibliothécaire); mais il nous reste dans le jury des hommes assez éclairés pour ne pas être frappés du peu de fondement de l'accusation sur ce point. Comme l'a si bien démontré l'éloquent défenseur du gérant, le mot *cour*, lors même qu'il n'est pas employé dans un sens figuré, ne s'applique qu'aux courtisans. Les vices, les abus, les ridicules de la cour ont été signalés de tout temps, et jamais il n'est entré dans la pensée d'appliquer au monarque les déclamations et les sarcasmes qui se remarquent à cet égard dans tous les livres.

Enfin, sans qu'il soit même nécessaire de rappeler ici différens ouvrages, cette multitude de journaux de toutes les opinions, dans lesquels on attaque le système actuel avec une si grande sévérité, que l'on parcourt seulement ces feuilles légères, où la plaisanterie est maniée sous toutes les formes, on n'y trouvera pas une ligne qui ne pût être attaquée, comme offense grave, si le système de l'accusation actuelle était admis.

M. l'avocat-général a terminé, messieurs, en vous invitant à donner ici un exemple sévère. Mais en Franche-Comté, qualification qui indique que nous fûmes toujours placés sur la terre classique de la liberté, sera-t-il dit que nous aurons dégénérés de la franchise de nos ancêtres, au point de regarder comme coupables, dans ce siècle des lumières, des passages qui dans la capitale n'attireraient pas même l'attention du ministère public, quelque grande que soit sa susceptibilité. Que dirait un étranger qui aurait fait l'acquisition de la statistique de M. Fortuné Chollet, où ont été puisés les faits qu'énumère le premier de nos articles incriminés, qui aurait lu les plaisanteries journalières insérées dans les petits journaux que je viens de désigner, si, transporté tout à coup dans cette enceinte, il était témoin des débats actuels? Ne serait-il pas tenté de croire qu'au lieu de jouir du bienfait de la presse, notre pays est soumis à des lois d'exception.

M. le président a résumé avec beaucoup de clarté, et d'une manière très impartiale, les différens moyens employés, tant par le ministère public que par les défenseurs.

Après une demi-heure de délibération, la déclaration du jury a été prononcée de la manière suivante :

1° Le prévenu est-il coupable d'avoir excité à la haine et au mépris du gouvernement du roi, en publiant l'article qui commence par ces mots : *au moment où fière de sa demi-victoire ?* — *Réponse* : NON.

2° Est-il coupable de provocation à la désobéissance aux lois, en publiant le même article ? — *R.* NON.

3° Le prévenu est-il coupable d'offense envers la personne du roi et la famille royale, en publiant l'article qui commence par ces mots : *Basse cour à vendre ?* — R. OUI.

M. l'avocat-général requérant ensuite l'application de la peine, a demandé que l'on appliquât au gérant le maximum (qui est de cinq ans d'emprisonnement et vingt mille francs d'amende).

Après une assez longue délibération, la cour a condamné à six mois d'emprisonnement, à deux mille francs d'amende et aux frais.

Tel est l'historique exact du procès de la *Gazette de Franche-Comté*. Nous avons jugé à propos de présenter ces débats avec quelque étendue, pour que l'opinion publique, cette cour de cassation sans appel, puisse nous juger en dernier ressort. Quant au pouvoir, puisque c'est chez lui un parti pris de poursuivre avec acharnement la presse indépendante, nous choisirons, pour expression de nos rapports avec ses agens, le mot de l'illustre Athénien au brutal Eurybiade : FRAPPE, MAIS ÉCOUTE !

FIN.

IMPRIMERIE DE CH. DEIS, A BESANÇON, 1832.

www.ingramcontent.com/pod-product-compliance
Lightning Source LLC
LaVergne TN
LVHW051512090426
835512LV00010B/2493